蒙台梭利文集

第四卷

为新世界而教育
如何教育潜在成人

[意]蒙台梭利 著

田时纲 译

人民出版社

目 录

为新世界而教育

目　录

如何教育潜在成人

为新世界而教育

Educazione per un mondo nuovo

纪念乔治·西德尼·阿伦戴尔①，是他
邀请我来印度，让我有幸结识这一伟大民
族，并认识这一神奇国家。

---

① 乔治·西德尼·阿伦戴尔（George Sidney Arundale, 1878—1945），1933—1945 年任
　　神智学会主席。1939 年，他邀请蒙台梭利去印度讲学办校。

一　导言

　　本书旨在阐明并捍卫儿童天生的伟大力量，并且启示教师重新认识自己的任务，不是徒劳无益的艰辛事业，而是幸福、快乐的事业，不再是压抑，而是同自然合作。我们的世界已破碎，现在必须重构。这里，至关重要的因素是教育，今天的思想家通常建议加强教育实践，不亚于告诫重返宗教。然而，人类为如此艰难的进化并非做好准备，换言之，尚未为建设没有战争的和谐、和平的社会做好准备。人们受的教育并不充分，还不能控制冒险行为，从而成为那些行为的牺牲品。崇高的思想，高尚的情感，随处可见，但战争从未停止。如果教育仍走老路，沿用简单传递知识的旧体制，问题就仍然得不到解决，世界也就没有希望。儿童是精神实体、规模巨大的社会集团、世界的真正力量，只有科学分析人类个性，正确运用这种力量，我们才能得救。对人类来说，如果存在拯救和帮助的希望，只能来自儿童，因为在童年塑造人，从而也建构社会。儿童拥有内在力量，能够引导我们走向光辉未来。教育不应当只局限于传达知识，而应当走新道路，致力于发展人的潜力。何时应当开始这种教育呢？我们的回答是，人类个性的伟大始于出生；这一断言虽然十分神秘，但在具体现实中有着可靠根据。

　　新生儿的心理生活已经引起科学家和心理学家的强烈兴趣，他们曾经观察出生后 3 小时至 10 天新生儿的反应。他们得出结论：儿童生命的最初两年至关重要。观察表明幼儿具有独特心理特性，并指明通过和自然合作发展（确切地说，教育培养）这些特性的新道路。儿童富有活力的建构能量，几千年来不为人知。这种能量是智力珍宝的富矿，人们恰恰首先践踏地面，却对深埋地下的宝藏浑然不知。人们距离认识儿童精神世界巨大潜力有十万八千里，从一开始就只会压制这种潜力，甚至破坏这种潜力。现在，有人第一次直觉到存在这种宝藏，这种宝藏从未开采，它比黄金都珍贵——即人的心灵本身。

对生命最初两年的精心观察揭示出心理发展的新规律，证明儿童心理和成人心理在本质上截然不同。因此，新道路的起点就在这里，新道路不是教师教导儿童，而是儿童教导教师。

这可能显得荒谬，但当认识儿童心智的独特性（即吸收信息、认识，从而受到教育）后，就觉得既正确又清晰。儿童学习说话的方式很容易证实这一点，学说话是艰难、神奇的智力活动。两岁幼儿说着父母的语言，虽然没人教过他。对这一现象感兴趣的学者承认，在这一年龄段，儿童开始使用同其环境有关的名词和语汇，很快学会非常流利地使用所有句法结构，甚至那些不规则形式，就连成人在学习外国语时遇到那些不规则形式都感到头疼。总之，儿童自身就是一位一丝不苟、要求严格的教师，他们甚至遵循真正的工作进程表。某些心理学家说，3 岁幼童掌握的知识，成人需要 60 年的刻苦学习。

此外，科学观察表明，真正的教育不是教师给予的，而是个体自发发展的自然过程，不是通过倾听他人话语获得，而是通过对周围世界的直接经验获得。因此，教师的任务是为文化活动准备一系列机会和刺激，让它们分布于特意准备的环境中，旨在以后戒除任何过于直接和不知趣的干预。教师只能帮助儿童（在我们面前从事）完成伟大事业，正如仆人帮助主人那样。这样做，我们就促进了人类心灵发展及新人层出不穷。这种新人不再是冒险事件的牺牲品，而是具有为建构并领导未来人类社会所需的远见卓识。

二 蒙台梭利体系的产生及发展

　　如果教育制度要改革，必须以儿童本身为基础。今天，学习几百年来的大教育家，诸如卢梭①、裴斯泰洛齐②、福禄培尔③已远远不够；时代发生变化，过去不能重返。此外，我本人不愿作为本世纪大教育家受到人们的致敬，我仅仅是研究过儿童，接受并表达儿童给予我的东西，这些被称作蒙台梭利方法。至多，我只是儿童的翻译。我有长达40年的工作经验，我从对智障儿童的医学及心理学的研究开始，曾尝试努力帮助他们。这样，我认识到：对智障儿童以同其潜意识合作新方法为基础加以指导，就能发展其惊人的能力，从而我决定把这种实验扩大到正常儿童。在罗马的几个贫民区创办了数所儿童之家，确定接收3岁以上幼儿。儿童之家的参观者看到4岁学童会念会写，感到十分惊讶，他们问道："谁教你写字？"那个男童惊愕地看着他们，回答道："教，没人教过我，是我自己学会的。"报刊开始报道这种"文化的自发成果"，心理学家断言他们是富有特殊天赋的儿童。在一段时间内，我自己也认同这一看法。但通过更深入实验，很快证实所有儿童都具有这种能力。教育

---

①　卢梭（J.J.Rousseau, 1712—1778），18世纪法国思想家。

②　裴斯泰洛齐（J.H.Pestalozzi, 1746—1827），瑞士教育家。

③　福禄培尔（F.Froebel, 1782—1852），德国教育家。

从 6 岁开始的错误观念，使宝贵的时间丧失，并且严重地阻碍儿童的发展。阅读和书写是文化的原始工具，离开读和写，不可能取得其他文化成果，但对于人类来说，读和写不像口语，不是与生俱来的活动。尤其是学习写字，通常被视为艰难的任务，只留给大孩子完成。相反，我成功地让 4 岁学童学会字母表的所有字母，这样，我对正常儿童重复了对智障儿童所做的实验。我观察到，每天介绍单个字母收效甚微，没有给他们留下持续印象。于是，我们制作了木质活动字母教具，字母轮廓突出，中间是凹槽。我让学童用食指沿凹槽触摸，他们很快学会识别各个字母。智障儿童应用这种方法，过一段时间也能学会一点书写。这样，我认识到触觉能对儿童智力发展提供巨大帮助，为他们用硬纸板制作简单的字母教具，让他们用食指触摸字母的轮廓。这一方法应用于正常儿童，产生意想不到的效果：在 9 月后半月，我让学童用活动字母教具做练习，当年他们就能自己书写圣诞贺卡！进步之快真令人难以置信。此外，学童开始根据字母提出问题，并且把字母和读音相结合。他们的头脑就像吸墨纸，如饥似渴地吸收字母表，渴望获取知识。这种现象让我们惊叹不已，但解释起来并不困难。字母构成一种刺激，让学童头脑中的语言更清晰，帮助他们分析自己的语言。当学童掌握一定数量的字母后，如果头脑中浮现一个名词（包含他会发音的不同语音），就会自然而然地提出如何书写。学童受内在动力驱使，渴望学习更多东西，开始独立拼写业已认识的不同语音，并应用于说话。不管词语多长多难，教师只需读一遍，学童就能从预先备好的字母盒中取出所需字母。教师边走边读，刚读完就发现学童已经用活动字母拼出该词。对那些活泼可爱的 4 岁幼童，读一遍足矣；但对 7 岁或更大孩子，则需读多遍才能正确地拼写。显然，这一切归因于这一独特敏感期。在敏感期，处于此年龄段的儿童头脑如同软蜡，极易接收印象，在更大年龄段很难接收，因为那时这种独特敏感性消逝。

书写现象证实儿童心智内在工作的进一步成果。他们懂得根据构成词语的语音可以构词，他们对词语进行分析，并且使用活动字母教具再现词语。他们认识每个字母的形态，因为他们不止一次地用手触摸活动字母轮廓。这样，他们几乎突然学会写字，就像爆发，更确切地说，是语言的爆发。当书写过程已形成并完善时，整个词语显现，不像在普通学校里那样，通常先学习一个字母，再学一个字母，然后将两个字母结合。如果学童学习一两个字母，也能学习其他字母，他们会写字，从而会写所有词汇。现在，学童持之以恒地写字，不是冷漠地服从命令，而是受内在冲动驱使。这些孩子手握随便什么东西到处写，只要有一个书写空间（无论是否合适），都会发现他们写上的字。他们用粉笔头在墙上或人行道上写字，甚至在圆面包上写字！孩子可怜的妈妈不识字，她们没有笔和纸，为满足孩子的需要，请求我们帮助。我们为她们提供所需的文具，她们的孩子往往手握铅笔睡着了，孩子一直写到深夜。

起初，我们曾想帮助学童写字，分发给他们一些横格纸，开始格与格间隔较大，随后间隔越来越小。很快，这些孩子就会轻而易举地在任何横格本上写字，有的孩子喜欢写小字，刚刚能够识别出。更令人称奇的是，他们书写字迹工整漂亮，胜过其他学校三年级小学生。他们书写的字体相近，因为他们全用手指触摸过活动字母教具，因此在其肌肉记忆中确定的字母形态相同。

现在，这些孩子已学会写字，但还不会阅读。初看，这种现象显得奇怪、荒谬，但认真思考后合乎逻辑。一般说来，儿童先学习阅读后学习书写，但我们的学童先在头脑中分析词语，再用一个个活动字母相连再现词语，他们把每个字母和业已掌握并在说话时应用的语音相结合。在敏感期，儿童将字母和口语结合，从而语言丰富：不仅是由双唇表达的口语，而且是用手（通过字母）表达的文字。但我们学童仍不会阅读，起初，我们认为印刷体和手写体之间的差异是主要障碍。为了克服这一困难，我们曾设想介绍字母的不同字体，但他们突然开始独自阅读各种字体的字母，甚至包括在日历上出现的哥特体字母。在学童使用活动字母构词5个月后发生这一现象，主要是一种内在冲动驱使他们努力理解那些奇特符号的意义。他们完成的工作类似于古文字学家的工作，后者在常人不认识的文字中研究史前文献，通过比较分析和精心观察，终于搞懂以前不认识符号的实际意义。儿童的心灵燃起新火焰。父母抱怨不能带领孩子散步，因为他们总在商店门前驻足，阅读商店的招牌。我们学童在满 5 岁时已能阅读各类书。

数学这一学科不似写字这样容易解释。我们从三个视角考察数学：

1.算术——数的科学；

2.代数——数的抽象；

3.几何——抽象的抽象。

受我们对儿童心智的经验的指导，我们提前在令人难以置信的年龄段，同时介绍数学的三个分支。事实证明三分支同时教学的方法行之有效。就好像一个青铜大鼎不靠一个支点保持平衡，而靠三个牢固支点保证最大稳固性。譬如，我们在介绍数字时，用几何图形分成几组，我们按三分支同时介绍原则，精心研究并制作了数学教具。孩子们对学习数字及几何图形表现出特殊兴趣，几乎是一种激情。这之后不久，他们通过代数形成关于这些数量及其关系的抽象观念。这种现象也令我们吃惊，因为起初他们没有显现出对书写那样的兴趣。人们很容易说，儿童对语言而不对数学感兴趣，因为数学对他们来说太艰难太抽象！事实上，我们也受过这种偏见的影响，我们把数学仅局限于四则运算，限于十以内数的加减乘除。学童自己揭示了真理：当我们介绍十进制大数值时，五六岁孩子的兴趣和热忱远超过学习十以内数。令我们更为惊奇的是，连 4 岁幼童也想学习；我们继续努力，现在连 3 岁幼童都能做三位数加减法。不仅如此，我们不得不开始代数和几何教学。如果这些学科能用可操作教具介绍，学童学习时既愉快又专心。有一天，我们十分激动地发现：一个男孩独自展开三项式 $(a+b+c)^3$ ！他独自思考：如果能够使用 a 和 b，为什么不能使用字母表的其他字母呢？儿童不喜欢局限。

这种闪电般的神奇发展不似语言有史前史：在它显现之前，我们未能探寻出其心智起源及过程，因此我们应当承认幼年存在对数学的特殊兴趣。运算不仅唤起儿童的兴趣，甚至唤起儿童的热忱，这些运算要求非常精确：题目越复杂，他们的热情越高涨。精确性不仅表现在某些练习要求的运动、动作上，也表现在对一种花卉或一种昆虫的细心观察上。无疑，存在一种对精确性的偏好，它可以直接表现在对数量的观察上。算术是一种抽象，因此，将这种精确性带到抽象层面。儿童从教具开始，过渡到抽象数字，进而过渡到抽象程度更高的代数，他们在三个（教具、抽象及代数）领域准确地工作，对能够理解三者统一的练习感到幸福。受大哲学家及数学家帕斯卡①（他对数量有精深研究与认识）的启示，我们终于得出结论：他断言人的心智具有数学特质，这种心智特征指示进步道路。通常，人们面带疑惑的微笑接受这一断言，因为普通教师的实践经验表明，在所有学科中，对人的头脑来说，数学是最艰难的。现在，恰恰最年幼的孩子证实帕斯卡有理。帕斯卡深化自己的结论，断言人类全部活动都和环境有关，并在日益精确的限度内展开。这种精确性只能由头脑获得，这表明头脑具有数学性质。正如在历史上所见，人的头脑总在致力于改造环境，并解释周围事物及其现象。为了实现这一目的，必须准确地认识这些事物，事物必须精确无误。两百年前，帕斯卡证实精确性恰恰是人类心智的基本特征。

关于疲劳的重要问题，6 岁以下儿童显现出非常奇特的现象。在普通学校，小学生很快就疲劳，从而教学变得很困难。于是，人们认为让孩子过早上学是一种残酷行为，而且睿智的父母只让自己年幼的子女多睡觉和多玩耍。然而，种种迹象告诉我们，这些孩子对这种教育方案极端厌烦，他们用各种淘气行为进行反抗。我们对 3 至 6 岁（甚至更小）孩子所做实验证明，学习不仅不使他们疲劳，反而使他们增强新力量并变得更健壮。并非所有工作都引起疲劳，譬如，当我们进食时，我们要用颌、牙齿和舌头做一系列动作，但这种工作能为我们带来新能量。同样，为使肌肉发达健壮，我们感到必须锻炼肌肉。在儿童心智发展方面也发生类似情况：通过智力活动，儿童不仅不感到疲劳，相反获得更大力量。人类在幼年具有接受文化的天生倾向，但社会往往对这一敏感期加以忽视，让幼儿多睡觉和多玩耍而错失良机。然而，儿童从未停止积

---

① 帕斯卡（B.Pascal, 1623—1662），法国数学家、物理学家、哲学家、散文大师，近代概率论的奠基人。

极吸收文化，若没有可吸收的东西，他们不得不满足于玩玩具。心理学家说道，儿童应当做游戏，因为通过游戏可以完善其能力。他们也承认儿童吸纳确定的环境，构成过去与未来之间的历史环节，但他们却得出如下结论：当儿童在玩耍和生活以吸纳现在时，我们应当袖手旁观，不要打扰儿童，不要帮助儿童，要放任自流。现在，在一个如此复杂的世界，我们若只让孩子玩玩具和玩沙土，他怎么能够吸收文化？由此可见，在这些心理学家的思想中存在一个矛盾：他们断言在敏感期和儿童交流至关重要，却认为应让儿童继续玩耍，因为这样可以建构并发展其能力。游戏被赞誉为某种神奇之物，严肃并高尚的人们看到孩子玩沙土，会驻足观察并尊重他玩耍。然而，合乎逻辑的是，如果3—6岁年龄段的儿童显现出容易接受文化知识的天性，我们就应当为他们提供可操作的东西，他们就会利用这些东西，在学习文化的道路上迈出最初几步。如果我们把儿童放在一个引导他们模仿成人活动并帮助他们完善以前成果的环境中，我们就让他们开始获取我们时代的完整文化。我们不再给他们提供简单的玩具，洋娃娃、锡兵和玩偶之类。儿童更喜欢什么东西呢？当我们给他们提供蒙台梭利教具时，他们立即被强烈吸引并积极热忱地使用，这一现象迄今都让人难以置信。这些渴求知识的头脑，突然发现置于一个独自不会理解和把握的危险环境，一旦看到为他们提供了能"化险为夷"的手段，就会被强烈吸引，就像饥饿难耐的幼狮，见到能够为生的食物立即扑上去吞噬。就这样，人们不断适应发展至今的文明。

当我们认识到儿童天生的巨大潜力及他们对人类的巨大意义时，为了探寻发展这些潜力的方法，现在我们应当更深入地考察它们。为此，我们不应迷信游戏，而应当充分信任儿童自身。我们应当致力于创造一门实用科学，以便把（近期我们直觉承认的）潜能转化为行动。

三　吸收性心智的 阶段及性质

　　新理念抓住教育事业的本质，并且改变以前所有关于儿童教育的观念。学校不再是隔离的世界，也不想竭力阻止儿童和社会接触以保护他们。因为生命应当受到有效保护，因此必须满腔热忱地研究生命的规律。心理学家观察了1岁婴儿，他们断言恰恰在此时期开始构建未来的成人。从心理观点看，新生儿在出生时，存在——零。不仅仅在心理方面，在出生时，新生儿几乎全身瘫痪，不能做任何事情。然而，过一段时间，他们就会说、会走，一步步取得成果，最终成长为人，用自己的聪明才智成就伟业。吸引其他科学家注意的儿童的巨大潜力，除我关注外，至今被母爱的外衣所掩盖。人们说，是母亲教其孩子说话、走路和推理。然而，不是母亲，是孩子自己自发地完成这一切。母亲单纯把新生儿带到世界，但正是新生儿在创造人，即使母亲辞世，即使母亲不能给孩子喂奶（提供其生长所需的乳汁）。其实，我们通常称作的母语也不源于母亲。一个孩子在国外出生，通常很容易学会当地语言，即使其父母不能正确地说此种外语。显然，孩子的这种能力不是遗传的，既不源于父亲，也不源于母亲，而是源于孩子自身，为了未来，他利用四周的所有因素构建并塑造自己。

　　某些当代心理学家跟踪儿童从出生到进入大学，他们认为儿童成长过程可以划分为不同时期，同身体发育的不同阶段一一对应。变化如此显著，以致某些心理学家在试图廓清概念时颇为夸张地说："成长是连续的出生。"在生命的某个时期，心理个体似乎终结，而诞生另一个心理个体。第一个时期是从出生至6岁，在整个这一时期，儿童心智虽然呈现明显差异，但本质上属于同一类型。在这一时期，人们观察到有两个阶段：前阶段是从出生至3岁，后阶段是从3岁至6岁。在前阶段，儿童显现的精神状态是不接纳成人，从而成人不可能对他们施加任何影响。在后阶段，从3岁至6岁，儿童的精神状态变得接纳成人，但仅仅以特殊的方式。这一时期的特征是个体发生巨大变化，从而人们认为6岁儿童相当聪明、可以上学。其实，根据我们陈述的新体系，儿童可以提前学习。但儿童确实在6岁发育达到一个关键阶段，标志心理的显著变化，譬如掉乳牙。第二个时期，从6岁至12岁，是成长时期，而不是变化时期，正常特征是心态平和与性情温顺。第三个时期，从12岁至18岁，是心理和生理深刻变化的新时期。在所有国家，官方教育制度都含蓄地承认这三个时期：6岁上小学；12岁上中学，那时开始心智新阶段。在第三个时期，人们观察到性格的不稳定性，不守纪律和热衷造反的倾向。但常规学校办学并不关注这些反应，继续执行其教学大纲并惩罚捣乱者。青年在18岁可以进入大学，在那里更紧张的学习任务等着他们，但学习方法在本质上没有改变：大学生为了得到毕业文凭，仍然应当坐着听讲，那张文凭的价值往往值得怀疑。青年的身体已经成熟，但学习的那些岁月，"听课"的那些年代，没有把他造就成具有独立意志及判断力的成人。如果还有可能的话，实际工作和经验应当把他造就成这样的人。譬如，在纽约，人们看到青年知识分子游行，他们举的标语牌上写着："我们没有工作！我们在饿死！"这是对为他们受教育投入不少的社会的意义深远的控告。

某些学者认识到新生儿的重要性，他们发问：为什么人类——具有最高智慧的动物，其童年却比其他任何动物更长更艰辛。许多人提问：在童年时期是否发生什么事情。确定无疑的是，发生某种创造活动，由于个体似乎从零——一无所知开始。当然不是新生儿的声音继续发展，就像小猫不断完善其喵喵声，或如小牛犊、小鸟仅限于强化其表达手段。只有人类，不会发生如此简单发展的情况，而发生从一无所知开始的创造活动。儿童走出巨人的步伐，而成人根本没有能力走出这样的步伐。为了成就这一伟业，儿童的心智必须和成人的心智截然不同。儿童的创造活动，确实不是无足轻重的贡献！他们不仅创造语言，而且创造保证语言流畅的发音器官。他们创造所有身体运动，所有智力表达方式。

所有这一切不是意志有意识的活动，而是可以称作潜意识心智的活动。所有动物都具有这种潜意识，甚至在昆虫中都存在此种智力，有时昆虫仿佛具有理性。儿童运用这种潜意识心智完成其神奇创造工作，通过奇特的感觉能力，在某种程度上类似于相机感光片，能够自动记录瞬间印象。环境中的各种事物能够引起儿童的强烈兴趣，焕发生命的活力与朝气。这种潜意识心智能够辨别。由于新生儿出生时有听觉，从而可以听到人声，为什么在围绕新生儿的上千种声音中，他们只选择人声来模仿呢？因为人类语言对潜意识心智产生特殊印象，唤起强烈情感、激动情绪，为再现那种声音，进而引起看不见纤维的振动，而其他声音没有产生如此激动人心的感受。儿童对这种语言的吸收如此准确，以致成为心理人格的部分，此时这种语言被称作母语，能和其他语言清晰地区分开，其他语言以后可以通过积极努力来学习。这是儿童头脑中的化学反应，恰恰引起他们自身真正意义的化学变化。这些印象不仅深入心智，而且建构心智，在儿童那里实现活体化，因为儿童利用在环境中遇到的所有东西，创造自己的"心智活体"。我们把这种心智称作"吸收性心智"，其巨大潜力难以想象。我们若只能让"吸收性心智"能力保留更长时间！为了获取充分人类意识，我们应当付出代价，造成其丧失。为了从上帝向人过渡，我们付出如此宝贵代价！

四 胚胎学

　　准备探索"吸收性心智"秘密的学者，开始考察胎儿的生命和怀孕现象本身，今天人们在这方面可以发现全部生物学研究的新方向。以前，学者惯于只重视生物成年标本，无论是动物还是植物；同样，成人成为社会学的研究对象。现在，科学仿佛沿反方向展开，无论是人类生命研究，还是其他生物生命研究，都倾向于考察生物体的起源和最初阶段。这样，胚胎学和生殖细胞生命就凸显重要。生殖细胞是两个成人个体的两个细胞融合的结果。儿童的生命，源于其他并自身是起源，始于成人，终于成人：这就是生命的道路和进程。

　　自然界让刚刚出生的小生命受到特别保护。譬如，新生儿在爱中降生：本身就源于爱，一旦出生，就受到父母的关爱，而这种爱既不是人为创造，也不是理性强加，不似友谊之情，要靠所有有识之士努力宣传和传播。只有在围绕儿童的环境中，才能发现那种爱，爱是人类道德的理想，爱启示忘我精神并引导为他人服务。现在，父母的牺牲精神是与生俱来的，他们并未感到作出牺牲，反而感到幸福愉快：这是生命本身！然而，这种生命比在社会中竞争及"适者生存"的生命更高尚。这种生命相当独特，在动物中可以观察到两种生命。当凶猛的野兽组成家庭有了幼崽时，其凶恶的自然本性似乎也减弱。在这种情况下，独特本能仿佛压过普通本能：即使胆小动物保存自身本能远超过人类，但当其幼崽遇到危险时，它们完全改变其本能，置自己的生死而不顾，奋勇保护其后代。从而，伟大的法国生物学家法布尔①得出结论：物种的生存取决于这种神秘的母性本能，而不仅仅在于自然界为它们提供的生存斗争所需的武器。虎崽或许尚未长牙，刚孵化出的小鸟或许没长羽毛。面对着低级动物的聪慧，人们感到惊叹不已：每一次都不是为了自卫，而是为了保护其年幼的后代。

19世纪科学家认为，在生殖细胞中可能包含长成的小人，这个小人只需生长，正如其他哺乳动物那样。他们争论那个袖珍人是否来自卵子或精子。显微镜的发明使得更精确的研究成为可能，人们非常不情愿地接受如下结论：在生殖细胞中预先并不存在袖珍人。生殖细胞分裂成两个，接着，这两个细胞又分裂成四个，这种细胞倍增形成新生命。胚胎学业已证实，只存在一个载有一切理性及智慧符号的建构预设。正如某人想盖房子，他需预先备好一定数量的砖瓦；同样，这个生殖细胞通过分裂，积聚一定数量的新细胞，并用新细胞群形成三层胚层，进而在胚层内形成器官。这种建构方式非常奇特。起点在一个细胞中，围绕这点细胞快速倍增，而它处细胞再生继续如前。当这种紧张活动中止，一个器官就形成了。这一现象的发现者这样解释：存在一些敏感性中心，围绕这些中心发生建构过程。不同器官彼此独立形成，仿佛每个肩负建构自身的任务；围绕每个中心的细胞团，在紧张活动中变得如此团结，满怀它们的理想，发生变化并和其他细胞团有差异，根据不断形成的器官具有自己独特形态。在各个器官这样形成并彼此独立时，其他东西进行干预，让它们彼此发生关系，让它们紧密联系在一起，以致任何器官都不能脱离其他器官而存活，于是新生儿就出生了。首先把各个器官结合起来的是循环系统，神经系统使这种结合更加完善。建构预设好像基于一个能量中心，从此中心出发实现创造：一旦不同器官形成，它们注定要联合起来，统一于一个新生命体。所有高级动物都根据这一模式发展：其实，在自然界存在一个建构方案。

人的心理似乎也按同一模式建构。人的心理仿佛从零开始，因为从

_____

① 法布尔（J.H.Fabre, 1823—1915），法国昆虫学家，代表作《昆虫记》。

心理观点看，新生儿没有任何预先存在的东西，器官围绕一个敏感性中心逐渐发展：这里，为了吸收性心智活动，也存在物质积聚的过程。在这之后，各个敏感性中心紧张活动，以致成人的头脑难以想象，正如掌握语言所清晰显现那样。从这些敏感性中心不可能发展心理本身，但在未来心理需要这些器官。在此种情况下，每个器官独立发展：譬如，语言，计算距离或辨别方向的能力，站立能力以及其他协调能力。每种能力都围绕一个强烈兴趣中心发展，吸引儿童趋向一种确定行为。无论如何，在器官完善后，敏感性就消逝了。当所有器官完善后，它们相互结合以形成心理实体。

显然，如果不了解这些"敏感期"及其顺序，就不可能理解儿童心理的形成。有时，人们听到反驳意见：过去世世代代没有这些认识，但仍不缺少健康、强壮的个体。然而，不应忘记，我们现在生活在极端人造的文明中，从而自然赋予母亲的天生本能大部分被压制或削弱。一位民风淳朴的母亲，在敏感期会本能地帮助自己的孩子，为孩子准备所需的环境，总把孩子带在身边，用自己的母爱保护孩子。今天，母亲已大部分丧失这种本能，人类开始衰退。因此，研究母性本能表现和儿童自然发展阶段至关重要，因为它们注定相互补充。母亲应当返朴归真与自然合作，科学应当找到帮助及保护儿童心理发展的方法，正如已找到帮助及保护儿童身体发展的方法一样。母爱是一种力量，一种自然的力量，应当成为科学家研究的对象，从而从今以后让母亲能够提供有意识的帮助，由于她们已经不会凭借本能提供帮助。教育应当为母亲提供必要知识，旨在让她们从孩子出生起就能有意识地满足其子女的心理需求，而不是只把子女置于在卫生学上无可非议的环境，并让训练有素的保姆精心照料子女，有效满足儿童的身体需求。事实上，受到精心照料的儿童，由于精神饥渴或纯粹厌恶而面临死亡危险。在荷兰的一座城市发生的事情引起轰动，证实了这种现象。那里，创办了一所研究机构，给贫穷父母讲授如何科学、卫生地养育自己的子女。在那所研究机构，还收养失去父母的孤儿，由训练有素的女护士按先进卫生标准精心照料，从而营养良好。然而，几乎所有孩子都生病，不少孩子死亡。相反，父母双全的贫穷孩子在体检时，没有发现患病，显然比按卫生标准养育的孩子更健康。于是，医生们懂得，在那所机构缺乏富有生命力的东西，从而进行了改革。女护士开始像母亲对待子女那样，把孩子抱在怀里，和他们一起玩耍。她们像母亲那样行事，恰恰是并不知道科学养育方法、却受天生母爱指导的母亲，这样的母亲并不特别关注保护儿童——不同社会接触。从此以后，那所机构里的孩子开始恢复健康，并且个个面带微笑。

五　行为主义

　　无论是近期的发现，还是根据这些发现得出的结论，都不能充分解释生命的秘密及生命的发展；然而，可以用来介绍并澄清事实，让人们观察生命怎样生长。我们可以证实的事实：生命建构预设是唯一的，所有动物生命都遵循这种预设方案。在动物胚胎中，可以确认这种方案；在儿童心理发展中，可以追踪这种方案。所有动物在胚胎最初阶段，无论人的、兔子的或蜥蜴的，全都一样：这一事实意义深远。为了成形，脊椎动物应当经过相同阶段；但胚胎发展一旦完成，差异特别巨大。我们可以肯定地说，新生儿是一种精神胚胎，由于在出生时孩子都一样，在精神胚胎生长和心智活体化阶段，他们需要受到相同对待、接受相同教育。天才或农夫，圣徒或罪犯，成人的类型都注定由儿童此种工作决定，每个人都要经历活体化阶段。从而，在生命的最初几年，人人应当接受同等教育，应当受到自然本身的启示，激活生命成长的某些需求。的确，以后在个体中出现显著差异，但我们不是差异的原因，也不能引起那些差异。存在一种内在个性，一种自我，自发地发展，不被我们左右。我们唯一能做的事情是，帮助儿童——潜在的将军或艺术家实现自我，清除他们成功道路上的各种障碍。我们业已证明，存在某些感觉中心，围绕这些中心形成各个器官，我们也看到两大系统——循环系统和神经系统如何干预、联系并协调所有器官，保证机体的完整和统一。但科学不能解释如何和为何生物体来到世界，既自由又自主，具有不同于其他生物体的特质。

1930年在费城的一次生物学发现，明显地和通行理论相悖。人们发现在大脑中的视中枢，比视神经形成要早，比眼睛形成得更早。从这一发现得出结论：在动物中，精神形态早于身体形态；进而，每种动物的本能及天生习性，在注定表现它们的器官形成之前就已确定。如果精神部分预先存在，这意味着身体器官根据心理及本能需要实现建构。无论何种动物，其器官和肢体长成最适宜表现那些本能。这种新理论以行为主义①著称，并且和旧理论泾渭分明。根据旧理论，动物具有确定习性，以便适应环境。旧观念认为成人的意愿引起体质结构的必然变化，经过世世代代，在生存斗争中，逐渐地实现完全适应。新理论并不完全否定这种观点，但更强调动物的本能习性或行为。动物为适应环境所做努力，只有在其特有行为的限度内才能成功。人们可以以牛为例，牛是一种结构完美、强壮的大动物。从世界地质史可以考察牛的进化：当地球上植被茂密时才出现牛。这里有待提问：为什么牛会选择草当食物，大家知道草不好消化，要求进化出四个胃。如果仅仅是一个维持生命的问题，那么牛可能吃大量存在的其他东西。从那时起，过去了几千年，但我们仍看到自然状态下的牛只吃草。如果近距离地观察牛，会发现牛从不吃草根，从未把草连根拔起，牛仿佛知道应当把草在根部切断，以便让地下茎生长，否则草很快就会枯死。此外，对于保护其他植物生态草至关重要，因为草把沙粒和土壤固定在一起，否则风会把沙和土刮走。然而，草不仅仅固化土壤，而且提高土壤肥力，从而有利于其他植物的生长；这就是草在自然经济中的重要性。除了不伤草根外，牛还提供肥料，其沉重体重形成压强，这也有利于草的生长。哪种农业机械能比牛更好地行使这三项功能呢？还有，这种神奇的机械除有利于草的生长和整个地表经济，还为我们提供牛奶。由此可见，牛的行为仿佛为了

① 行为主义，1913年由J.B.沃森最先系统阐述的一种心理学概念，认为心理学的论题应是客观上可以观察到的生物活动。生物被认为是对外环境和内部生物过程所决定的条件（刺激）作出应答。

实现自然目的而特意设计的，恰恰如同乌鸦和秃鹫注定在另一领域有效地服务——清除废物。

这些实例涉及动物对食物的选择，成百上千的类似情况证实的结论：动物进食不仅仅为满足自己需要，而且为完成其行为预设的使命，有益于天下万物的和谐，这需要所有生物和非生物的通力合作。其他生物进食过量，不仅仅是维持生命所需。它们进食不是为了活着，它们活着为了进食。我们在蚯蚓中发现这样的实例，蚯蚓每天吃土量是其体积的 200 倍。达尔文最先观察到没有蚯蚓的土壤缺乏肥力。

另一家喻户晓的实例是蜜蜂，它们的工作有助于给花授粉。在行为主义的视角内，我们开始发现动物如何牺牲自己以益于其他生命形态，它们进食不是为了单纯维持自己生命。同样，在海洋中会发现某些单细胞机体就像过滤器，能吸食有毒盐使海水净化。在完成这一使命时，它们喝下数量惊人的海水，和它们的大小相比，等于人终生每秒消耗约 5 升水。动物自身从未意识到这种高级目的，正是这种目的把生物体和地球及其生命经济联系起来；但更高级的生命形态、地球的表层、空气和水的净化，都取决于它们的行为。

所有这一切揭示出存在一个预设方案，器官为实现其目的而形成，还证明生命的目的就是服从隐秘的命令——让一切和谐，创造更美化的世界。世界被创造不是为了我们快乐，而是由于宇宙演化我们才被创造。

我们研究人类，将人类和其他动物相比较，就会发现某些差异，最重要的差异在于：人类没有被指派进行一种特殊运动，也没有被指定在一个确定地方生活。在所有动物中，人类最能适应任何气候，热带的或寒带的，沙漠的或莽林的。人类是唯一自由地前往希望之地的动物。人类还善于完成各种各样的运动，用自己的双手能够创造出任何其他动物不可能完成的东西。人类行为似乎没有受到任何障碍的局限，人是自由的。人类拥有形形色色的语言，在运动方面可以行走、奔跑、攀登、匍匐。人在跳舞时可以作出许多优美动作，人会像鱼一样畅游江河。然而，新生儿在降生时，并不拥有这些能力，在幼年才能拥有能力。人在降生时几乎瘫痪，没有能力活动，通过练习可以学习走、跑、爬，就像其他动物那样，但只能靠自己的力量实现。儿童不仅获得人的所有能力，那些能力比其他动物要丰富多样，而且应当让自己（在童年不断建构的）身体及心理状态适应其生活的气候及生态环境，适应日益丰富多彩的文明。如果人类的行为也是固定的，像动物的一样，人类就不可能适应每一代都在变化的新条件。适应新条件的任务由自然分派给儿童，成人很难完成这一任务。成人认为自己故乡是地球上最美的地方，尽管那里是穷山恶水；成人从来不能完美掌握一门外国语的语音，即使这门外国语比母语发音简单得多，因为母语在童年能轻而易举就掌握。成人能够欣赏并铭记一个环境，但儿童能够不知不觉地吸收环境要素，并构成自己精神的一部分，从而使所见所闻的东西活体化，实现真正意义的变化，比如语言。这种记忆类型被心理学家称作记忆基质，其任务不仅为个体建构当时当地环境，而且适应生活其中的社会心理的行为。成人在自身发现某些情感和偏见，尤其是宗教性质的情感和偏见，但他们的理性似乎拒绝承认这点。然而，他们从未完全摆脱那种性质的情感和偏见，由于那些先入之见已经根深蒂固，正如俗语所说，变成"渗入血液中的东西"。

进而得出结论：如果我们想要改变一个国家的风俗习惯，或者我们想要强化一个民族的特质，就应当对儿童施加影响，因为通过成人成效甚微。为了改变一代人或一个民族，为了施加好或坏的影响，为了兴起宗教或发展文化，我们就应当关注儿童，因为他们无所不能。这一规律的真理性，已被纳粹主义者和法西斯主义者所证实，他们对儿童大肆工作，业已改变整个民族的特质。

六　从出生起教育

　　新生儿离其充分发展相距甚远，他们的身体尚未发育完全。他们的双脚注定在地上行走，可能要走遍世界。他们还没有骨骼、软骨，其颅骨尚未发育好，容纳其内的大脑不会受到可靠保护。更重要的是，新生儿的神经系统尚不完整，从而不可能运动；而其他动物刚生下就能活动，几乎都会行走。这个小生命被一个伟大事件——出生奇遇所打断，新生儿坠入新环境。小生命自身变化很可怕，就像一个人从地球来到月球。然而，还不止这些，为了迈出第一步，新生儿应当作出巨大努力。当新生儿诞生时，人们通常为产妇担忧并关注其困难，但新生儿经受的考验更艰巨，尤其鉴于他们还不是完整的机体，虽然拥有精神生命。他们尚不具有心理能力，因为首先应当发展这种能力。总之，这个精神胚胎在身体上也不完整，应当自己创造出独特能力。

　　这个出生时虚弱无力、不能运动的机体，应当具备能够运动的性能。其他动物在出生时，似乎就显现出运动本能，它们立即和环境发生关系；而人类应当在精神胚胎中构建那些本能，同时在精神胚胎中构建适合运动的能力。当发生这一切时，胚胎的肉体部分已实现发展：神经系统已形成，颅骨业已骨化。

　　破壳而出的雏鸡只等待抱窝鸡示范怎样啄食，它们像其他雏鸡一样，立即开始活动。这是它们目前的行为，它们的前辈世世代代也是如此，并且可以推测将来也将如此。然而，人类必须首先发展其心理，并且这种发展必须同环境、不断发展变化的人类社会条件协调一致。从而，自然谨慎地让新生儿身体毫无活力，而整个骨骼和神经系统都让智力先发展。如果精神生命应当吸收，甚至应当把环境"活体化"，心智应当首先观察环境、研究环境，应当从环境中获取大量印象，恰恰如同真正胚胎从聚积细胞开始，其后才用这些细胞形成独特器官。

这样，在人的生命初期，注定要存储从环境中获取的印象，因此这也是人的心理活动活跃的时期：活动在于吸收环境展现的一切。在人的生命第二年，儿童的身体接近完整，运动开始变得稳定和确定。过去，人们认为，幼童没有心理生活；今天，我们却认识到，幼儿在一岁时，大脑是唯一积极活动的器官。儿童的首要特质是智力，这是和其他动物的本质差异，其他动物只需等待本能的出现，这些本能引导它们趋向特定性能。儿童的智力应当把握并理解发展中的现实生活、上溯数千年并将前行数百万年的文明。这一现实没有限度，既不在过去，也不在将来，每一瞬间都在变化。人类的面貌无限多样，而其他动物只有一种面貌，那是固定不变的。的确，人的心理应当以某种神奇方式开始，现已证实在出生前就存在，由于在新生儿心智中，我们发现典型潜在能力，这些潜能可以让人创造任何奇迹，可以让人适应任何条件。

现代心理学家对于（他们称作）"出生的艰难冒险"特别感兴趣。他们得出结论：新生儿由于惊吓应受重创。在心理学中应用一个科学术语——"出生恐怖"，不是一种有意识的惊吓，但无疑新生儿能感到害怕，譬如，当快速地把他们放到澡盆里，或者把他们置于强光的环境，或者不寻常地摇晃其身体时。自然赋予一个纯洁母亲将新生儿紧靠自己身体的本能：由于她们的力量有限，自己需要静养和安静，同时保障自己孩子平静，用自己体温温暖着孩子，保护孩子——避免过多强烈印象。猫妈妈常把猫崽藏匿在黑暗角落，小心翼翼地保护幼崽——不与外界接触。然而，一般说来，人类母亲大部分丧失天生本能。她们的孩子刚一出生，就有人来给新生儿洗澡并穿衣，还把新生儿抱到明亮的地方以便看看眼睛的颜色，由于无知让他们面临其他创伤和惊吓。今天，在儿童性格的缺陷中，可以识别出"出生恐怖"的后果，在儿童进一步发展中它们会凸显，并且由心理畸变现象所证实。由于这种心理畸变，儿童不能正常成长，而是走上一条错误的道路。造成的缺陷可以用"心理压抑"这一术语来理解，"心理压抑"的特征是拒绝生活的态度：似乎这些机体依附某些出生前就存在的东西，感到厌恶这个世界。新生儿长时间睡觉，人们认为很正常；然而，若出现心理压抑现象，实际可能过长，这并不正常。其他症状是醒来哭闹和常做噩梦。此外，特别依恋某人，一般是母亲，仿佛害怕一人孤独。这类儿童容易哭闹，他们总需要人帮助，有懒惰、消沉、胆小的倾向。显然，这种个体在生活斗争中比他人低能。他们的命运不会是快乐、勇敢、正常、幸福。这是潜意识心理的可怕回应。我们用意识到的记忆忘记，却在记忆基质中铭刻印象，正如个体的性格特征。在这里隐藏着人类的巨大危险。儿童得不到适当治疗，就会报复社会，就会自己变成虚弱的个体，成为文明进步的障碍。

同这种压抑类型儿童截然相反，正常儿童显现出明显的自主倾向。他们通过赢得越来越大的独立性，克服前进道路上的各种障碍，不断地成长。引起冲动的生命力被称作生命原动力，类似于成人的意志力，但与意志力相比更微弱，更局限于单个个体，而生命原动力属于一般生命，是一种促使进化的神圣力量。正常成长的儿童显现出满腔热忱、幸福感和"生活的欢乐"。他们在出生时就从禁锢——母亲的身体——中解放出来，不受母亲生理功能的制约：他们自身具有应对和把握环境的动力，但环境应当对他们具有吸引力。他们感受的东西可以不太确切地称作对周围环境的热爱。感觉器官是最先开始活动的器官，正常儿童可以感觉一切，即使还不能辨别不同声音、不同东西：他们首先接受世界，然后再分析世界。

6个月的婴儿业已显现出正常生长现象：发生一些生理变化，开始分泌消化所需的胃酸，长出第一颗牙。这是朝向独立迈出的重要一步。大约这个时期，婴儿开始咿呀学语，说出第一个音节，这是给未来建成的语言大厦铺上第一块奠基石。不久，他们学会表达，不再被迫等待他人猜测其需求。这也是为赢得独立的伟大成就。再过些时候，在1岁时，他们开始走路，从而又从另一种禁锢中解放出来。经过这一系列阶段，他们变得自由了，但此时还不是意志问题：独立是自然的馈赠，自然引导人走向自由。

学习走路是重要一步，并且非常复杂；但在生命的第一个年头就可实现，伴随说话和辨向等收获。低级动物刚下生就会行走，但造就人是更崇高事业，需要更长时间。用双腿站立并直立行走的能力，取决于脑的一部分——小脑的发育，小脑在6个月时开始迅速发育，直至14个月或15个月仍然快速发育。和小脑发育完美同步，婴儿在6个月时会坐，在9个月时会开始四处乱爬，在10个月时会站立，在12个月至13个月时会迈出前几步，直至15个月时能平稳地走路。在这种运动成就中有第二个因素起作用，某些脊柱神经发育完全，小脑指令通过这些神经直达肌肉，最终我们发现在这个时期脚和颅骨的骨骼结构业已固化，颅骨用以在可能跌倒时保护脑部。

任何教育都不可能教会儿童提前走路，这里是自然本身在下达命令，而且必须服从。此外，妄图让已会走和跑的孩子止步是愚蠢的，因为自然希望每个发育器官都要使用。这样，孩子刚会说，就会滔滔不绝地说，让他们缄口不语非常困难。如果我们阻止他们说话和走路，就会使他们的发展迟延。由此可见，必须让儿童自由、独立地活动。心理学家业已证明，每个个体通过在环境中获取经验来巩固自己的行为，因此教育的首要任务是为儿童提供一个适宜的环境，一个能让他们发展天生功能，甚至帮助和促进这种发展的环境。这不单纯是让儿童心满意足，而且是在遵循自然规律。

人们在观察儿童时发现，他们通常希望独立行动，希望自己运送东西、自己穿衣脱衣、自己进食；并非成人提示让他们这样做。相反，他们内在动力很强烈，以致我们通常竭力阻止。然而，我们这样做，不是反对儿童的意愿，而是在和自然规律作战。以后，儿童显现出通过自己的经验发展心智的倾向，于是开始探寻事物的道理。这些不是理论，而是由观察揭示并确证的清晰自然事实。我们说，社会应当给予儿童充分自由，应当保证其独立性，但这种自由和独立的理想不要和成人使用这些词藻的模糊观念混为一谈。事实上，大部分人对自由含义的理解非常狭隘。自然给予生命，赋予自由和独立，但同时提出适应时间及特殊要求的确定规律。自然把自由变成一种生命规律，提出二难推理：或自由或死亡。通过对儿童的观察，现在自然帮助我们解释我们的社会生活，儿童向我们揭示事物的真相。独立不是某种静态的东西，而是连续不断的成果，通过不知疲倦的工作，不仅赢得自由，而且增强力量和实现自我完善。我们给予儿童自由和独立，就解放了一种工作者，他们受内在力量驱使工作，如果不活动就不能生存，因为活动是一切生物存在的形式。生命就是活动，只有通过活动才能探索并实现自我完善。源于过去世代经验的社会渴望向我们介绍，靠他人为我们劳动，我们可以少干工作，这种渴望是倾向逃避生活的心理畸变儿童的典型特征。

治疗这些心理畸变儿童，改变正常发展迟滞或偏离正常发展轨道的现象，构成一个特殊的教育问题。由于这种类型的儿童并不热爱环境，面对并克服成长道路上的障碍感到非常困难，因此必须首先减少障碍，然后让环境富有吸引力。从而，应当引导儿童从事愉快的活动、有趣的事情，再诱导他们尝试其他活动。我们可以逐渐让他们摆脱迟钝和懒惰，引起他们对一些事物的兴趣，激活他们工作的愿望，引导他们从怠惰走向活跃，克服往往导致病态依恋的害怕心态，感受到自由生活和取得成就的欢乐。

现在，列举对幼童教育有效的某些原则受益匪浅。新生儿出生后，应当尽可能和母亲在一起，环境不应当成为障碍（让他们不适应）：障碍主要是同产前期习惯的温度相比的温差，光过强，声音过大，因为新生儿刚刚离开一个非常寂静和完全黑暗的地方。我们必须小心翼翼地移动和抱着新生儿，不要急速下降把新生儿放在澡盆内，也不要迅速并鲁莽地给新生儿穿衣。我们要记住，鉴于新生儿身体和心理极端脆弱，接触他们的人们的动作都显粗鲁。最好不要给新生儿穿衣，把他们置于一个相当温暖的房间，那里没有对流的空气，放在一个非常柔软的垫子上，以便能够保持出生前的姿势。今天，人们注意到一种倾向——用习惯给予重伤员的精心、热忱的照料（甚至更加细致入微）来对待新生儿。除了卫生防御措施和必要保护措施外，母亲和孩子应当视为同一身体的两个器官，还被动物磁性学在生命上联系起来，他们需要一段时间的独处和各个方面的精心照料。亲戚和朋友不要亲吻和爱抚孩子，女护士也不要把孩子从母亲身旁抱走。

越过这第一阶段，儿童很容易适应他们进入的世界，并且开始走上独立的道路。他们的第一个收获是使用五种感官进行心理活动，因为他们的身体无力活动。他们的眼睛开始加紧活动：通过眼睛他们不仅接受印象，而且如同积极探索者不断探寻印象；低级动物截然不同，它们观察范围有限，若只受其行为引导，只受某些东西吸引。儿童没有局限，他们拥抱周围整个环境，并把环境吸纳于其精神中。他们需要世界——在他们周围的整个世界，以便根据环境塑造自己的适应能力。把孩子禁闭在所谓保育室是错误的，只有保姆陪伴，类似于某种牢房；让孩子尽可能长时间睡觉也不对，仿佛他是个残疾者。保姆不会对孩子滔滔不绝地说话，因为她牢记缄口不语是良好卫生规则，那么孩子如何学习说话呢？此外，保姆的社会环境和孩子的截然不同，因此孩子不可能从保姆那里吸收所需的语言。在世界文明国家、家境富裕的孩子，往往扶养得很差，没有得到应有的尊重，因为母亲或母亲的女友很少陪伴他们。他们被交到保姆熟练却冰凉的手中，被捂在童车的车篷里，不让阳光和凉气进来。总之，他们为了悦目养眼，没有任何有趣景物，只能看见保姆的面貌。这样，他们变得迟钝和麻木，或者用哭闹和任性进行反抗，因为他们在精神上忍饥挨饿，至少是精神上的营养不良。那些真正幸福的儿童，常常和妈妈一起四处漫游：在街上，在市场里，在电车和公共汽车内；他们倾听和观察，怀着极大兴趣积累印象，确信自己受到母爱的呵护。

七 语言的秘密

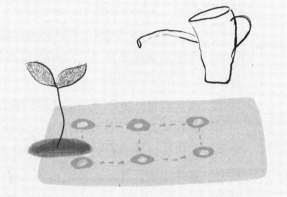

　　语言是在同一人群中约定俗成的表达手段，因此只能被那些人理解，他们一致同意用特定语音表达特定观念。其他人群采用其他语音表达相同观念及相同事物。从而，语言变成一群人和另一群人分离的障碍，相反却帮助结识同群的成员。语言是发展普遍思维所需的工具，由于语言日益复杂，人类思维也越来越复杂。因为构成语汇所需的语音数目有限，但语音可用不同方式组合成语汇，这些语汇反过来以不同方式组合成表达思想的句子。一个神秘规律要求，人们从事任何事业都要团结一致、彼此协调。为了协调一致，他们必须使用语言，它是最为抽象的东西、超级智力的产物。

　　某些古代语言变得过于复杂和形式严格而最终死亡。源于古代语言的新语言取而代之，成为普遍应用的语言。然而，虽然我们今天感觉精通古典拉丁语非常困难，但罗马帝国的奴隶们却不得不说拉丁语，在意大利半岛犁地的农民同样如此，即使没有人教过他们拉丁语。3岁幼儿应当觉得学习语言和说话容易。这一秘密引起学者和心理学家的兴趣，他们考察幼儿说话能力的发展，断言不用学习就能掌握。正如自发的创造，语言会自然而然地涌现，其发展遵循确定规律，其规律性令我们惊叹不已：在确定时期达到确定水平；此外，这对所有儿童都有效，无论其民族语言简单还是复杂。对所有幼儿来说，都存在一个时期，他们只说音节；其后一个时期，才说不止一个音节的词汇；最终，他们仿佛掌握全部语法、句法和词法（包括性、数、格、式、时）。生活在文明环境中的孩子，学会准确使用其民族语言；与此同时，非洲贫困孩子也学习其民族语言。构成语汇的语音是通过发音器官（如舌、喉、鼻及某些面肌肉）的运动机制才发出的。这些发音器官运动机制完全适合说母语；而说外国语，即使成人有时都不能感知所有语音，从而更不能准确地发出。只有3岁以下幼儿能够构建说话机制，会说任何一种语言，只要是其出生环境中使用的语言。这种工作从模糊潜意识开始，发展并巩固。成人很难觉察到幼儿头脑深处发生的所有变化；但可以发现并核对其外在表现，那些表现既清晰又意义重大，并且全人类普遍拥有。从而，可以得出结论：在人生的各个时期都能保持任何语言语音的纯洁性，此外幼儿潜意识心智可以同样容易地吸收简单事物和复杂事物。没有一个孩子为学说话感到劳累，其说话机制保证语言的完整，几乎如同摄影胶片的机制，再现一组人的形象跟再现一个人的形象同样容易。胶片在一瞬间记录下影像，但为一人画肖像则需要更长时间，为十人画肖像需要付出更多辛劳。

　　另一有趣的相似之处是，摄影胶片在黑暗中感光并冲洗，只有在胶片上的影像固定后，才能在光下展现，那时已不可变更。幼儿说话机制也这样建构：先在模糊潜意识中开始，进而在那里发展和巩固，然后才能公开显现。在出生后幼儿每天耐心观察并精心记录，确定某些事实，构成真正里程碑。在幼儿内心世界发生意义重大的神奇发展，但相应外在表现相当稀少，人们注意到，在内在活动和外在表现之间明显不合比例。人们业已证明，这不是循序渐进的线性进步，而是飞跃式进步，从而在习得音节和习得语汇之间的数月，似乎没有任何进步的迹象。在他们习得最初语汇时，仿佛再一次长时间停滞不前，其实在内在世界发生持续不断的进步；当这种进步突然显现时，心理学家称之为爆发现象：所有幼儿在同一时期，语汇突然滔滔不绝地从口中涌出，并且发音完美无缺。在3个月内，所有幼儿都能容易地使用惯用语句和掌握语言特色：任何种族的幼儿在满两岁时都能做到这点。在两岁之后这种现象继续发生：幼儿同样以爆发方式，能够熟练地使用单句和复句、动词语式及时态、相当复杂的句法形式，直至语言表达完整。只有到这时，由潜意识心智长期准备的珍宝才奉献给意识，幼儿能够充分运用这种新能力，说话滔滔不绝并且完美无缺。

两岁半仿佛是智力分界线，或者说是幼儿智力成熟的时刻。随后幼儿智力发展不再是爆发式的，如果他们置于一个文明人士环境中，他们会继续丰富自己的语言，即使处于不太有利的环境，同样也能提高语言水平。某些比利时学者观察到，如果幼儿在两岁半只认识 200 个词，那么在 5 岁时就会认识并使用 1000 多个词，而且是无师自通。在他们自学这一切之后，再把他们送到小学，让他人教他们字母表！

此外，还需要考察关于语言机制的其他事实。在大脑皮质中有两个中枢：一个听觉中枢，用以接收声音；另一个是语言运动中枢，用以说话发声。听觉或接受中枢和心理神秘部分有关，正是在这部分，并通过耳朵，语言实现无意识发展。幼儿在出生前听觉器官就已发育完全，具有某种竖琴形态：64 根弦按长度排列，构成某种贝状物（以节省空间）。耳朵不可能接收宇宙的所有声音，由于只有 64 根弦，但用它们可以弹奏非常复杂的音乐：这样的机制能够传输完整的语言，包括其声调、重音等所有细微差异。令人奇怪的是：根据心理学家的看法，听觉是发展最慢的感觉。新生儿周围发出各种声音，但没有引起他们的任何反应。发生这种情况，因为那些大脑中枢准备接收语言，并且整个机制只适合接受口语。于是，随时间流逝，必将形成再现接收人声的语言运动机制。如果听觉中枢没有这种独特隔绝安排，那么从一开始就会自由地接收任何声音。一个孩子出生在农庄，那么他对乡村生活中的主导声音印象深刻，他开始模仿羊、猪和鸡的叫声；而出生在铁路附近的孩子，会模仿火车头的汽笛声。人类会说话，因为大自然特意为人类语言建构这些中枢。某些特殊情况也证实这点：比如狼孩，或因种种原因被弃之森林却奇迹般活下来的新生儿。这类孩子生活的环境中充斥飞禽走兽的叫声，但他们完全不会说话。事实上，他们没有听到任何人类语言，因为只有人类语言才能激活说话的机制。人类独特的能力不在于拥有语言，而在于拥有创造语言的机制。在大脑的神奇区域存在一个上帝、一个沉睡的自我，仿佛听到美妙人声而苏醒，那种神圣音乐激起某些肌纤维颤动。每个人群都爱音乐，创造自己的音乐和自己的语言，并用自己身体的运动回应美妙乐声：这种音乐具有话语形态，但话语本身没有任何意义，如果人们没有约定俗成地赋予它们独特含义的话。

婴儿在 4 个月时（有人说还要早）发现，身旁响起并深深打动他们的这种美妙音乐源自人的嘴巴：双唇活动以"奏出"乐曲。可以想象婴儿多么聚精会神地观察说话者的双唇。在这种工作中，意识已经介入，虽然无意识地准备运动：现在产生有意识兴趣，引起并促进一系列积极、细致的探寻。在注意观察两个月后，婴儿发出最初的声音，突然发出"ba—ba—ba"和"ma—ma—ma"或类似清晰音节。在婴儿满 10 个月时，发现语言不是尽可能准确模仿的音乐：人们对他们所说的每个话语都具有意义。这样，在婴儿 1 周岁时发生两件事：在无意识底层他们理解话语，在意识高层他们创造话语，即使此时只能结结巴巴地说，并且仅限于重复语音及其组合。其后，他们开始有意说出最初话语，仍然结结巴巴地说，但他们知道其含义。此时，婴儿在意识和语言机制之间发生巨大冲突。在此时，他们感到心中大量观念涌现，并且知道他人理解他们，只要掌握语言来表达那些观念：这是他们人生遇到的第一次挫折，从而驱使他们奔向潜意识"学校"去学习。是意识动力促使这种加速语言习得，其心灵导师驱使他们面对成人——相互交谈的成人和对他们说话的成人。内在动力驱使幼儿正确掌握语言，虽然某些成人并不了解其真正需求，对他们只说"孩子话"，没有给予任何帮助。我们应当了解，幼儿懂得颇多，我们可以按语法规范对他们说话，并帮助他们分析句子结构。有时发生下述情况：一两岁幼儿有话要说，他们觉得不说不行，但没有找到合适的话语；于是，他们烦躁不安，有时甚至火冒三丈，人们往往归因于"原罪"。可怜的幼儿为争取独立而工作！他们发现不被人理解！当他们缺少合适手段时，发怒是唯一的表达方式。

幼儿在 1 岁半时，懂得每一事物都有其名称，这样在他们习得的词语中会选择名词，尤其是那些具体名词。这对他们来说至关重要，因为现在可以索要想要的东西了，在一个整句中强调一个词语。于是，母亲和教师应当满腔热忱地理解他们，以安抚其焦躁不安的幼小心灵。

现在举一实例：一个西班牙小男孩被母亲抱着去郊游野餐。因夏天酷热，母亲脱去外衣搭在臂上；小男孩开始躁动不安，嘟嘟囔囔："To palda"。由于无人听懂"To palda"，他开始大声喊叫。于是，我建议母亲穿上外衣，结果孩子立即平静下来，并面带微笑，发出愉快的叫声。那句神秘的话是"paltó"（外衣）和"espalda"（背）的略称。男孩的秩序感被外衣错搭在母亲臂上所破坏，他根本不能忍受这种无序状态。另一实例证明 1 岁半幼童能够理解全部对话。四五个大人在讨论一篇童话，最后说"故事愉快地结束"。然而，一个小男孩不同意这一点，开始大声喊叫："lola，lola！"人们以为他要找他的保姆，正是他这样称呼保姆；结果无济于事，小男孩仍然焦躁不安，并且沮丧绝望，直至他抓住童话书，并指着封三上的插图——一个哭泣的男孩。如果一个男孩在哭泣，怎么能说故事愉快地结束呢？词语"Lola"是小男孩在尝试说西班牙语"llora"（他哭）。此时，大家才明白，小男孩听得懂大人的全部对话。

烦躁状态是幼儿生活的组成部分，主要由成人的不理解造成的。事实上，幼儿尝试表现内在才能，但只有克服重重困难才能成功，那些困难是由环境及其对幼儿的限制造成的。有些幼儿比成人还坚强，他们能在四周发现更有利的环境，并开始走向独立（这恰恰是正常发展之路），没有精神压抑、沮丧。习得语言发生类似情况：能够自由表达（赢得较大独立性），但同时出现精神压抑危险。在这一时期，幼儿同一定障碍冲突会使其深受其害，因为所有印象都持续铭记。成人往往因表达困难而倍感痛苦：从迟疑不决、胆怯害羞到口吃。成人的这些缺陷都源于童年，正是在那一时期逐渐形成说话机制。这些衰退用幼儿敏感性可以解释：正如他们对帮助进步的东西敏感，同样对巨大障碍也敏感，而且后一敏感性会作为缺陷终生存在。一切暴力形式，无论是语言的还是行为的，都会给幼儿造成不可弥补的损害。另一种敏感性畸变也是由成人造成的，他们竭力压制幼儿的外在表现，这种压制看似平静，却贻害无穷。母亲能够允许训练有素的保姆照看自己的孩子，就应当首先注意不让保姆压制孩子："不要做这个！""不应做那个！"保姆压制的结果是，贵族人士不能流畅表达的现象很普遍，他们并不缺少勇气和体力，但在说话时犹豫不决或结结巴巴，为此感到很痛苦。

在成人中遇到许多毫无意义的害怕和神经抽搐，都可以上溯到童年曾遭受暴力行为。因此，对童年——人生初期——的研究，对于人类来说至关重要。教师应当积极促进幼儿的爆发活动，努力探索他们的心智，就像心理分析探索成人的心智一样。儿童的解释者和儿童语言的译者不可或缺。在这方面，我的经验告诉我，幼儿非常热爱他们的翻译，由于他们知道能够得到翻译的帮助。这种挚爱和表面好感截然不同，幼儿往往对爱抚或溺爱他们的人显现出那种好感。对幼儿来说，译者是他们的希望，由于译者为他们打开一扇通向世界的大门。幼儿和自己的解救者亲密无间，这种深情厚谊比单纯的爱要深刻得多，因为能接受帮助，而不仅仅是安慰。

八 运动及其在 教育中的作用

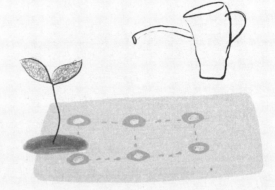

　　神经系统的结果和目的就是运动：没有运动，个体不可能存在。神经系统通过脑、感官、神经和肌肉，让人同世界发生关系，这同其他组织器官不同，后者只为个体肉体服务，故称作植物性生命的器官。植物性系统为人净化其机体并保持健康，而神经系统具有更高目的——不是单纯净化和强化心智作用。动物的行为不仅仅简单注重运动的美和优雅，而是具有更高的目的，旨在和自然的普遍经济合作；同样，人也有一个目的，不是比其他动物更纯洁更精致，而是利用自己的精神财富为他人服务。人的能力必须实现，从而关系的周期才完成。不仅在生活实际中，而且在教育中，都应当遵循这一原则。如果我们有脑、感官和运动器官，这一切都应当起作用，如果每个部分不起作用，我们就肯定不能理解它们。运动是思维周期的终结，精神境界的提高只有通过行为或工作才能实现。人们通常认为，为了保持身体健康，必须活动筋骨从事一些运动，于是，人们为了消化得更好、睡得更香，或打打网球或散散步。这种错误认识也渗透到教育理论中，这十分荒谬，仿佛让尊贵的王子做牧人的奴仆。肌肉系统是机体的王子，却变成为让植物性系统更好运转的简单工具。这是严重的错误：将肉体生命和精神生命截然分开，为了让儿童在身体和精神上充分发展，必须把游戏引入教学大纲。的确，精神生活和身体娱乐没有关系，但我们不能把天生联系在一起的东西分开。由于把肉体生命和精神生命截然分开，我们就破坏了关系的周期，从而人的行为也同大脑截然分开。人不能将全部活动用以进食和呼吸，相反运动应当为生命整体服务，为精神世界发展服务。

至关重要的是，人的行为和中心——脑相连，并置于适当位置。精神和运动是唯一周期的两个部分，运动是更高表现。否则，人的发展只是没有脑的肌肉的聚积：有些东西没有发挥作用，正如当一块骨头折断时，肢体就瘫痪。从本质上看，我们的新教育方法基于如下认识：心智的发展与运动有关，并取决于运动。没有运动，不会有进步，也不会有健康心智。这一真理不要求证明或证据确凿，只需观察自然及其现象，尤其要追踪儿童的发展。科学观察证明，智力伴随运动发展。世界各国所做实验证实，运动帮助精神发展，而这种发展反过来促进其他运动。这样，确立一个应当完成的周期，旨在精神和运动属于一个统一体。感官也对此作出贡献：感官的任何缺陷都会削弱儿童的智力。

符合逻辑的是，运动应当是精神的最高表现，由脑支配的肌肉被称作有意志的肌肉，鉴于它们受个体意志的驱动，而意志恰恰是原动力，没有意志，精神生命就不能存在。肌肉构成身体的大部分，并赋予身体形态。肌肉多种多样，有的纤弱有的坚实，有长有短，它们具有不同功能。肌肉系统具有独特特性：如果一块肌肉在一定方向作用，另一块肌肉必在相反方向作用，运动的准确性恰恰取决于这种对立关系。个体对此并不了解，但这是运动发生的方式。对动物来说，运动的完善取决于自然：老虎或松鼠的动作的灵活、优雅取决于对立肌肉系统的丰富性和复杂性，它们共同起作用才达到和谐。在人类那里，这种机制在出生时并不存在，它应当被创造，要通过环境的实际经验才能形成。这与其说是运动的练习，不如说是协调性的练习。对新生儿来说，这种协调性不是预设的，而是应当通过精神被创造并完善的。

然而，人具有完成所有运动的能力，超过任何动物能做的运动范围，甚至可以掌握它们的某些运动。人类具有运动的普遍灵活性，但以建构自身为条件，先通过潜意识冲动进行创造，再有意识地重复实现协调性的必要练习。儿童富有潜在能力，在这种财富中，他们选择愿意使用的部分。一位体操运动员不是天生具有帮助他的特殊肌肉系统，一位舞蹈演员在出生时也不具有为翩翩起舞而非常奇特的肌肉，他们都需要靠意志来发展自己的运动手段。于是，虽然没有预先确定，但在意志指引下一切皆可能：人们不可能干同样事情，不像同一物种的动物那样。每个人都有自己的道路，工作是其精神生命的主要表现。那些不工作的人真正面临患上精神萎缩症的危险。虽说让所有肌肉都参与训练，其数量惊人，但为避免精神遇险，应当让相当数量的肌肉活跃。承认这一事实促使教育者把体操引入学校，因为儿童的众多肌肉都处于怠惰状态。

精神生命必须使用一些肌肉，但其使用目的不应首先是功利的，正如在所谓现代技术教育的某些形式中所发生那样。真正目的是人们可以发展运动协调性，这种协调性是丰富精神生命实际方面所必不可缺的。否则，人脑必须发展一系列脱离精神中枢指导的运动，这将在世界引起革命和灾难。在人类生活总框架内，并非工作本身，而是通过工作实现自我、自我完善更重要。事实上，通过运动获得的这种聚精会神必然发展，不存在发展局限。

在所有其他动物那里，四肢从事动力活动并同时发展；只在人类这里，下肢功能明显不同于上肢功能，四肢发展截然不同。人们应当注意，所有人行走和保持平衡的能力，可以称作生物学事实。所有人都用双脚而不是双手完成相同动作，没有人知道双手活动的局限。因此，虽然双脚的功能是生物学的，但是由脑内在发展引起的，结果是人类用两条腿走路，而其他哺乳动物都用四肢走路。人一旦学会用两条腿走路，就要保持站立姿势；但这对于人类来说并非轻而易举，这是真正的成果。因此，人必须让整个脚底着地，而不是像其他动物那样，仅仅脚趾着地。显然，手缺少那种生物学指导，由于其活动没有预先确定；却有精神联系，其发展不仅取决于独特个体的精神，而且取决于不同时代、不同种族群体的精神。用脑思考、用手劳动是人类的特征，从远古时代开始人类就留下自己劳动的痕迹，根据文明的类型，劳动或粗糙或精致。当我们在几千年黑暗中考察时，甚至连先人骨头都没有留下，但我们可以从先人的艺术作品中获取他们的及其文明的信息。建立在力量基础之上的文明留下大量巨石，令人惊叹不已；而另一类文明显现出更加精致的形态。手追随智慧、精神和激情，人类在迁徙时也留下自己劳动的痕迹。在人类环境中发生的所有变化，姑且不提心理学观点，都是由人手造成的。文明被创造，恰恰由于手和智力结伴而行。因此，有充分理由说，手是为人类创造无限瑰宝的器官。

顺便说说，古老手相术基于承认手是心理器官：手相术高手断言，人的全部历史都写在手心上。因此，儿童心理发展研究应当与儿童双手发展研究紧密结合。诚然，不用手，智力可以达到一定水平，但用手可以达到更高水平。经常动手的儿童的性格更加平和。如果由于某种原因，儿童不能使用双手，那么他们的性格就会有缺陷，不能服从命令或积极主动，显现出懒惰和忧伤；相反，能够用手工作的儿童显现出坚毅的性格。埃及文明饶有兴味的特征：在那个手工劳动创造富有宗教力量的奇妙艺术品的时代，献给逝者的最高颂词（镌刻在墓志铭上）是：这是一位有性格的人。

语言学家指出，语言主要和听力有关。同样，人们发现运动的发展和视力有关。最初的运动是抓住或握住，幼儿刚刚抓住某个东西，就产生关于运动的意识，从而促使抓握发展，或者说以前是本能的运动，现在变成有意识的运动。6个月大幼儿的运动就是有意识的。长到10个月时，他们对环境的观察引起兴趣，现在想要抓起看到的所有东西：抓握动作和意识结伴而行。幼儿开始练习自己的手，改变四周东西的位置：打开并关上房门，拉出抽屉，盖上瓶塞，诸如此类，不一而足。通过这些练习，幼儿做到动作灵巧。在这一时期，涉及下肢，智力和意识都没有发生作用，虽然证实小脑、平衡指导中心快速发展。环境同这一切毫无关系：小脑发号施令，幼童依靠某种努力，靠某些外在帮助，能够独自坐，其后独自站立。首先，幼童开始匍匐前进或者爬行。在这一时期，如果成人伸出两个手指，让幼童抓住，他就能踮着脚尖移动脚步。终于，当幼童学习独自站立时，让整个脚着地，拽着母亲的裙子行走；很快，他们就会独自行走，并享受这种新的独立性。现在，如果成人继续帮助他们，只会妨碍他们的发展。我们不应帮助幼童走路，如果他们的小手想要工作，我们应当激励他们，让他们从事手工劳动，让他们沿着获取更大独立性的道路前进。

手和脚的力量至关重要，1岁半的幼童非常明显；因而，他们在一切中感受到巨大努力的冲动。此前，平衡和用手一直是分开发展的；现在同步发展，幼童喜欢拿着重物行走，那些重物往往比他们体型大得多。幼童学会抓物的双手应当练习移动重物。于是，人们看到1岁半幼童端着一罐水行走，为了不失去平衡，他们小心翼翼地、缓慢地走路。人们甚至注意到，他们表现出某种挑战重力规律的倾向：他们不乐于行走，他们攀缘而上，抓住支撑点向上爬。很快，他们过渡到模仿期。当幼童已经做到行动自如时，想要做成人所做的事情。这样，自然发展的逻辑向我们显现：先是幼童准备自己的工具，即手和脚；接着通过练习获取力量；最后开始观察他人活动，并模仿他人工作，为生活和自由做好准备。

在幼童活动的这一时期，他们是伟大的步行者。他们需要长途散步，而成人却坚持抱他们或把他们放在童车里。这样，可怜的孩子只能在睡梦中散步。他们不能行走，因为有人要抱他们走！他们不能工作，因为有人替他们大包大揽！在人生的大门前，成人让自己的孩子具有自卑感。

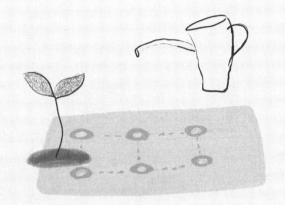

九　模仿行为
与活动周期

　　1岁半幼童是心理学家特感兴趣的研究对象，因为此年龄段是教育至关重要的时期。从生理学角度看，这是训练上肢和下肢协调的阶段；从心理学角度看，这是儿童充分发展的前夜，在两岁时实现语言爆发，业已努力将内在感受外在化。

　　众所周知的事实是：这是幼儿作出巨大努力的年龄段，他们需要找到支柱；此外，幼儿显现独特模仿本能。常言说，孩子模仿大人。但一般说来，这是肤浅的断言，还伴随着建议：父母和教师要为孩子做学习榜样。结果并非永远幸福，因为所有人自认为是完美无缺的榜样，即使他们心知肚明远非如此。大家希望人类完美无缺：认为通过模仿成人，人类变得完美；然而，成人并非完美，因此人们走进死胡同，没有希望和出路。但自然并不遵循这种推理。至关重要的是，训练幼儿能够模仿，这种准备（非常重要）取决于幼儿自身的努力。然而，这种努力不在于模仿，而在于精神领域内创造，仅仅通过模仿不可能变成希望对象。幼儿不可能通过简单模仿成为钢琴家，但通过练习可以使双手变得非常灵巧；更高层次上，对幼儿简单讲述圣徒或英雄的生平，不可能让他们也成为英雄或圣徒，如果他们的精神尚未做好准备。模仿可以提供启示、激励，但为使愿望变成行动需要适当准备。自然不限于激活我们的模仿本能，而是赋予我们努力使自己成为模范的能力；这样，准备帮助生命发展的教育者，应当精心考察激励努力的适当手段。

有时，此年龄段的幼儿准备干的事情，按成人的推理方式看显得荒谬；但这一点并不重要，幼儿应当把开始的活动完成。在幼儿那里存在一种完成行为的生命必然性，如果这种生命必然性周期被中断，会引起偏离正常状态并造成畸变和迟疑不决。今天，人们非常重视这种活动周期，它是对未来生活的间接准备。人们在整个一生都间接地为未来做准备。一个人从事某项伟大事业，通常可以证实他曾有过准备性工作时期。这种工作肯定不能和最终事业同日而语，但在某些方向上存在积极努力，让精神做好必要准备，这种努力应当充分发展：周期应当有始有终。因此，成人不应当进行干预，中断儿童的任何活动，即使那些活动显得有些荒谬，只要没有危害生活和个人安全。儿童应当让自己活动周期善始善终。

这种活动具有形形色色的有趣形式。我们业已指出，幼儿具有移动超过自己力量的重物的激情，这没有显而易见的理由。有一次，在一位朋友家，他的儿子费力地搬运较重的木凳，从房间这头一个一个地搬到另一头。在此年龄段的儿童连续不断地移动东西，直至他们筋疲力尽为止。成人共同的反应是怜悯脆弱的小可怜，于是急急忙忙跑去帮助他们，从他们手中夺下重物。然而，心理学家认为，这样中断幼儿选择的活动周期是严重压制行为，这种压制行为会影响这一年龄段的幼儿，能造成将来巨大的困难。在幼年，爬楼梯是一项有益的练习。幼儿的目的不是更上一层楼，因为他们在抵达上层楼后，一定要重返出发那层楼，从而完成一个周期。有一天，我看到一个幼童爬楼梯，楼梯很陡，每个台阶高及腰部，他不得不双手扶台阶奋力向上，两腿顺势旋转。然而，他持之以恒地攀登45节台阶，终于抵达上一层楼。随后，他转身俯视低处以欣赏自己的成功，但身体失去平衡，从楼梯上跌落。楼梯上铺着厚密的地毯，孩子没有摔疼。当他跌至下层楼时，在翻过最后一个跟头后，从容地站起，并注视着我们。我们等着他号啕大哭，而他却面带微笑，仿佛想说："攀登多么艰难，跌落如此容易！"

有时，这种幼儿活动显现出注意力高度集中、肌肉有效协调，却主要不是真正力量的表现。有一个一岁半男婴，在家里能自由自在地活动。有一次，他来到储藏室，那里有一打熨好、摞好的大餐巾，并且准备使用。男婴用双手抓起第一块餐巾，兴高采烈地看着它轻而易举地分开，他返回走廊，走到房间角落，小心翼翼地摊开、放在地板上。放好餐巾后，他继续去取另一块餐巾，这样他取走所有 12 块餐巾，每一次都自言自语地说"一块"。当他把所有餐巾全放置在选好的地方时，我们认为他的工作完成了。但我们做梦也没有想到，他刚把最后一块餐巾放在屋角地板上，就准备把它们再运回原处。他仍是一块一块地拿，运回一块餐巾，就说"一块"。幼儿聚精会神地投入工作，当他完成后去从事另一项工作时，小脸上显现出心满意足的表情。

两岁幼儿特别需要行走，但心理学家往往对此重视不够。他们可以走 4 至 6 里路，若有一段上坡路更好，他们喜欢走坡路。他们对散步的困难之处感兴趣。然而，成人应当懂得散步对幼儿意味着什么。成人认为幼儿不能走路的想法，源于希望幼儿按成人步伐前行；还由于幼儿的小腿较短，不可能走出成人步伐，为了更快地到达目的地，就抱起幼儿走路。行走，幼儿不准备前往任何地方，他们只想走路，为了真正帮助他们，成人应当跟随他们，不要奢望他们走得像成人那样快。在此例中，跟随幼儿的必要性十分明显；事实上，这种必要性是对教育诸多方面和在各个领域都有效的规则。儿童的发展具有自己的规律，如果我们想帮助他们成长，就应当跟随他们而不能把自己的意志强加于他们。幼儿在行走时用双腿，同样用双眼。他们看到四周有趣的事物，会促使他们不断前行。幼儿在走路时看到一只小羊羔，被这迷人景色吸引，就坐下来静观。幼儿对这种体验感到满意，继续向前走，看到盛开的花朵，就停下来闻花香。过了一会儿，那边的一棵大树吸引了他的目光，他绕着大树转了三四圈，才继续前行。这样，他可以走好几里路，途中满是有趣的发现，不断地驻足。如果在路上遇到困难，比如一块有待攀登的岩石，或有待跨越的小溪，幼儿就会特别欢快。水会引起幼儿的注意。有时，他们坐下并欣喜地说："水"；成人往往对水声潺潺的溪水视而不见，漠然地走过去。这样，幼儿对散步的理解和其保姆截然不同，保姆只想尽快抵达一个地方。保姆带幼儿到公园散步，或让幼儿坐在童车里呼吸新鲜空气，童车车篷很高，幼儿几乎什么也看不到。

教育应当把幼儿视为前行者，他们就像探险家那样勇往直前。所有幼儿都应受到发现新事物的吸引，从而兴趣盎然地行走。这里，教育可以帮助幼儿，让他们认识树叶的颜色、形状，昆虫、飞鸟和其他动物的生活习性。所有这些东西都能唤起幼儿的兴趣，他们走出家门，走得越远，学习得越多。走路本身就是完整的练习，无须其他健身训练，因为这足以让他们更好呼吸和消化，恰恰是大人期待从体育锻炼中受益。通过走路可以获得健美体形，如果幼儿发现某些有趣的东西有待收集或分类，比如要挖出的动物骨头，或要燃成火把的木柴，那么走路练习会更加完整。因此，走路训练应当成为教育内容，尤其在今天人们很少走路，常坐汽车或其他交通工具，从而养成不活动和懒惰的习惯。我们不能把生命一分为二，靠体育运动活动四肢，靠阅读活动头脑。生命是一个整体，尤其在生命的最初几年，幼儿需要建构自身。

于是，很难找到不进行干预，却理解并尊重幼儿独立性，并跟踪其发展自然轨迹的成人。心理学家坚持必须创造一个幼儿能够工作的环境。为此，涌现一些为幼儿办的学校，甚至为一岁半幼儿办的学校。在那些学校里，为学童提供形形色色的东西，包括建在树上的小屋，带有梯子可以上下。这样的小屋不是为了居住，而是为了引起学童的攀登兴趣。人们应当认识到，如果我们要培养合格的自由民主公民的话，多早开始教育都不为过。如果我们从人生最初几年就教育幼儿容忍暴政或服从独裁者，怎么能谈论民主和自由呢？如果我们培养出奴隶，如何能够期待民主？真正的自由从生命之初开始，而不是在成年。我们这样培养的人，其能力残缺不全，眼睛近视，精神衰弱，思维吃力，身体畸形，意志被上级权威摧毁。至尊的权威对他说："你的意志应当消逝，我的意志必须强加。"我们能够期待此人在结束学业后，接受并行使自由公民的权利吗？

十　三岁幼童

　　自然仿佛在人生头三年和以后时期之间划定分界线。幼年前期虽说具有较强创造性并富有重要事件，但和出生前的胚胎生命相类似，成为被遗忘的时期，因为幼儿只有在 3 岁时才开始有充分意识和记忆。在心理—胚胎时期①，已经发生分开、独立的发展，比如语言、四肢运动及其协调、某些感官的发展，如同各个器官在出生前的胚胎体中一个接一个地发展一样。但无人记起这两个过程，因为此时尚未实现人格的统一，只有各个部分都完成发展，这种统一突然而至。这种潜意识和无意识的创造，这一被遗忘幼儿似乎被完全排除在人之外，我们面对的 3 岁幼儿仿佛是一种不可理解的生物：自然切断他们和我们之间的交流。因此，我们应当认识在幼年第一阶段发生的一切，或认识自然本身，如果我们不想摧毁自然建构的一切。我们已经抛弃了生活的自然之路，走上了文明的不幸之路；由于文明化人类只关注对身体的而非精神的保护；文明为儿童准备下监狱——充斥障碍的环境。

　　幼儿被完全托付给成人，而成人若没有被自然智慧之光或科学之光照耀的话，通常成为幼儿生活的最大障碍。3 岁幼童应当发展，在自己的环境中锻炼，并使用在前一时期业已创造的工具。在前一时期发生的事情被遗忘，但那时形成的能力现在稍微意识到，通过经验将充分意识

---

① 指从出生至 3 岁前的时期。

到。受智力指引的手完成一项工作，将精神意志付诸行动。以前幼儿通过智力感受世界，现在仿佛靠自己双手把握世界。现在，幼儿想要完善以前的成果，比如语言业已充分发展，但直至4岁半语汇逐渐丰富。心智恰恰保留心理—胚胎期的能力——不知疲劳吸收的能力，但现在手变成获取知识的直接器官。幼儿不再四处行走，而是靠手工作发展自己。在此年龄段，他们持续工作：如果他们总能专注于一项手工劳动，会感到幸福快乐、心绪极佳。成人把此年龄段称作游戏快乐期，为了迎合这种活动需求，社会创造了大量玩具。然而，社会只为幼儿提供无用的玩具，没有提供他们发展智力的工具。幼儿想要触摸一切，而成人只允许他们触摸某些东西，却禁止他们触摸其他东西。沙子是成人允许他们使用的唯一实际物。没有沙子的地方，富有同情心的成人为富有孩子运来沙子。水也被允许，但受限制，因为幼儿会弄湿衣服。水和沙会让幼儿浑身肮脏，从而成人不得不给他们洗澡洗衣。当幼儿对沙子厌烦时，成人就把自己使用过的物品模型送到他们手中，如袖珍厨房、袖珍住房、洋娃娃的钢琴，所有东西都不能实际应用。应当承认幼儿需要模仿成人工作，但成人为了回应这种需求，却给他们不能用来工作的东西。这是戏弄！人们给感觉孤独的幼儿一个洋娃娃——可笑的人物形象，洋娃娃可能变得比其父母实际。但洋娃娃不能回应幼儿的爱，是不能胜任的社会替代物。

玩具变得如此重要，人们甚至认为它们能帮助智力发展。诚然，玩具胜于一无所有，但意义深远的事实是，幼儿很快对一件玩具厌烦，而索要其他玩具。他们往往毫无目的地、任性地毁坏玩具，从而成人得出结论：他们喜欢毁坏东西。但这种性格是人为造成的，由于他们没有可供操作的适宜东西。幼儿对玩具缺乏兴趣，因为玩具缺乏现实性。于是，他们变得焦躁不安和心不在焉，不可能正常发展，其人格最终完全畸变。在此年龄段，幼儿严肃地并有意识地致力于完善自身，在所有生活经验中模仿伟大的榜样。如果我们没有给他们提供这种自我完善的可能性，他们就不可避免发生畸变。

这是文明社会中儿童的特殊悲剧。在最简单社会环境中，儿童通常更平和更幸福，由于他们能够自由地使用周围的物品，这些物品并不珍贵，从而不会害怕损坏而不让他们使用。当母亲洗内衣或和面做面包时，幼儿可以和她一起劳动，如果幼儿找到合适东西的话，他们这样为生活做准备。

现在，业已无可争议地证明，3岁幼童会为了自己的目的使用物品。当那些物品为他们制作，其大小和他们身材相匹配，从而他们使用这些物品进行活动，恰恰如同成人那样活动，他们整个性格发生改变，人们发现他们心态平和、心情愉快。他们并不关注未进入自己日常环境的物品，因为那种工作是适应四周的成人环境，合乎自然的目的是在完成一定活动中获取快乐。这样，新教育体系应当致力于激励幼儿活动，为他们特意制作适合其力量和身材的物品，正如成人通常在家里或田野里劳动那样，幼儿也应当有自己的家和田野。幼儿不需要玩具，而需要自己的家；他们不需要玩具，而需要可使用小农具劳作的土地；不需要洋娃娃，而需要真正的小伙伴和一种社会生活——自己可以活动和行动。这就是我们今天用以代替过去玩具的一切。

一旦那些障碍被清除，虚幻的迷雾被驱散，幼儿手中终于握有真正、实际的东西时，他们的最初反应出乎我们意料。他们显现出不同人格，他们维护自己的独立性，拒绝任何帮助。他们清晰地表现出希望独处的意愿，这让母亲、保姆和教师惊叹不已。在幼儿成为主人的环境中，成人应当做简单的观察家。

关于我这些最初的实验，这是多年前我在罗马进行的，可能有特殊情况的因素。如果我在纽约富人区创办一所儿童之家，可能不会发生引人注目的事情，正如在许多资金雄厚富家子弟学校里什么也没有发生一样。在罗马第一所儿童之家，不仅缺少损害幼儿发展的使用物品，而且也有蒙昧主义的其他因素。

益于我最初实验的情况主要有三：

（一）极端贫困和特别艰难的社会条件。极端贫困的学童在肉体上可以忍受食品的匮乏，但他们置于自然条件下，并不缺少内在财富。

（二）那些学童的父母都是文盲，不可能给予其子女错误帮助。

（三）我们的女教师不是职业教师，这样她没有由普通教育实践造成的教育学偏见。

在美国，我们的经验没有获得成功，因为美国人寻找优秀教师，而好教师意味着学过的所有东西都不为儿童服务，满脑袋充斥反对儿童自由的陈腐观念。强加给儿童一位教师，只能阻碍他们发展。必须挑选一位淳朴人士致力于这一事业；至于贫困，肯定无须强加，也不应当害怕，由于这是良好的精神条件。如果我们想做一个肯定成功、容易的实验，就应当到贫困儿童中工作，为他们提供不曾拥有的环境。科学地制作的物品，会引起一无所有儿童的强烈兴趣，受到热烈欢迎，使得他们聚精会神。40年前的这一事实，确实引起普遍震惊，因为在3岁幼童中从未发生过。全神贯注是基础行为，也就是说儿童把握环境及其物品，一件又一件地探索物品，能够长时间地关注一件物品。相反，在不令人满意的普通条件下，儿童会漫不经心地从一物转向另一物。但我们业已证明，这种变化无常不是儿童真正的性格。

人们应当记住，3岁幼童受自己内在教师的指引，这种指导安全可靠。当我们提及自由的儿童时，是指那些受自己天性指导的儿童，这种天性很强大。遵循天性的儿童关注自己所做工作的所有细节。譬如，如果我们让他们去除桌上的灰尘，他们就会把桌面、侧面、底面和桌腿，甚至连缝隙都清除干净，其实我们只想让他们擦干净桌面。如果我们给他们自由，教师又未打断，他们会聚精会神地投入自己的工作。许多教师想打断他们，想要给他们授课；这样，正在受天性指引自发发展的儿童，因教师授课而止步不前。教师认为应当循序渐进地引导儿童从易到难，从简单到复杂；而儿童能够从难到易，大踏步前进。这些教师的另一偏见是儿童易劳累。儿童对自己从事的工作感兴趣，就会不知疲倦地投入其中；如果教师每5分钟打断一次让其休息，他就会丧失兴趣并疲劳不堪。现在，这些错误观念在普通小学教师头脑里根深蒂固，难以根除。在大部分现代小学里，必须休息的偏见盛行，以致形成制度——每45分钟中止任何活动，其后患无穷。教育界遵循人类逻辑，但自然界有自己的规律。逻辑把身体活动和心智活动加以区分，并断言智力工作要求学童在教室内一动不动地坐着，而身体活动不需要智力参与。这样，就把儿童切成两半。当儿童用脑思考时，成人不允许他们用手。但自然规律表明儿童没有手不能思考，还需要不断走动，正像古希腊的逍遥学派哲学家那样。运动和心智结伴而行；但许多人认为，儿童在学校学习时不能活动、不能四处走动。

我们的新方法致力于把教师从众多偏见中解放出来。这样，如果我们面对大量学童，而缺乏职业教师时，我们就会说："感谢上帝！"这是有利的条件。

然而，新型教师应当理解某些基本事实，并不显得特别困难。譬如，在我最早进行实验的时代，我曾教过我的助手（她是经济公寓门房的女儿），如何以特殊方式、按一定顺序向学童介绍教具，然后让学童独自活动。这位姑娘非常单纯，没有文化，严格地按我的话办，学童开始用教具做练习，取得惊人效果，令她感到惊奇。她甚至认为是天使或幽灵在活动，她跑来找我，有些害怕地对我说："夫人，昨天下午两点孩子们开始写字了！"这仿佛是超自然的奇迹。学童写出完整的句子，而以前他们从未写过，甚至还不会读！

经验教导我们：教师应当永远退居幕后，只能为学童准备活动环境，以便让他们自己工作。我们告诉教师，当他们的干预可能无益甚至有害时，就应当采用这种"不干预方法"。教师应当估量学童需要的一切，正如一位仆人为主人精心准备好饮料，尔后把饮料放在主人身旁的桌子上，以便让主人想喝时能立即喝上。教师应当学会谦恭，不要强制保护学童，却总要关注其进步，并准备保证其继续活动所需的一切。

同我们教育方法紧密合作的父母都出生于社会下层。当子女写出第一个句子时（父母不识字），他们对这一成就大加赞赏以激励和鼓舞孩子。而富有的父母显然对此缺乏兴趣，可能会问自己孩子，学校里是否教艺术和文学；这样，孩子的活动显得并不重要。一位儿童想要去除尘，往往听见成人说这是家务劳动，让他上学不是为了学习那些服务性工作。甚至有一位母亲对我们说，她的孩子学习数学年龄太小，害怕孩子患上脑炎，应当让他立即停止学习。这样，无论孩子有优越感还是自卑感，其精神都会受到伤害。

于是，恰恰被视为不适宜教育实验的条件，其实是最好的条件，成功不仅限于学童，而且波及父母。在我所办的第一所儿童之家，开始实际生活练习的学童对其母亲说，她们不要穿有污垢的脏衣服，不要把水撒在地板上，母亲们很快开始注意自己的着装，做到井然有序。父母感到需要学习读和写，由于其子女已经学会读和写。通过年幼的学童，整个环境开始变化。我们手里仿佛握有魔棒。

十一 以观察为基础 不断发展的方法

我的实验最先引起公众注意的事实是书写爆发。这不仅仅涉及书写，而且关乎儿童的人格。一座似乎永不变化、坚不可摧的大山，却蕴藏着炽热熔岩，有一天终将冲破地壳喷发而出。这是烈火、浓烟和不为人知的物质的喷发，向观察者揭示地球内部应当存在什么。我们的爆发与此类似，并且由于当时似乎不利于新发现的形势而发生。贫困与无知，缺少教师、教学大纲和规章制度意味着缺乏任何基础，但恰恰这种缺乏使得心灵解放。所有障碍不知不觉被清除，但当时无人知道障碍到底是什么。总之，我们应当承认那些爆发并非由真正教育学方法引起，因为那种方法尚不存在。随后教育学工作才开始，其实形成的方法是学童心智火山爆发的结果。新闻界使用特大号字的题目——"人类心灵的发现"称呼这种现象。

随后的新科学不是基于直觉，而是基于直接感受，证实的事实分为两组。一组证明儿童心智在难以置信的幼小年龄善于获取文化，但必须通过自己真正独立的活动；另一组涉及儿童性格的发展，以前教育者恰恰认为年龄过小，外在因素不可能影响性格的形成。那些教育者都错了，因为他们认为应由成人影响儿童性格：由恶变善是个永恒问题。然而，3 岁至 6 岁恰恰是形成性格的时期，每个儿童根据自己的规律发展性格，只要他没有遇到阻碍、受到压制。

儿童全神贯注于那些以前因吸收而记住的东西，因为每一文化收获都倾向于铭记在心并被思索。书写的爆发归因于以前的语言收获，语言敏感性约在5岁半或6岁消逝。于是，只在这一年龄才能兴高采烈地学习书写，而8岁或9岁的孩子没有显现如此强的写字能力。现已证实那个年龄段的儿童已经间接地准备好书写所需器官。这样，采用这种间接准备，成为蒙台梭利方法不可分割的部分。我们观察到，自然在胚胎中间接地准备：只要器官没有准备好服从，就不下达命令。性格只能按相同方式形成。靠简单模仿和强制服从将一无所获，需要内在准备才能真正服从，但这种准备是间接的。由此可见，必须为儿童提供"准备好的环境"和心灵能够发展的自由。

关于语言发展，儿童在第一阶段似乎关注语法性质内容，从语音、音节到名词、形容词、副词、连词、动词和句子。因此，我们设想在第二阶段采用语法方法将受益匪浅，我们最早的语言教学正是语法。根据普通思维方式，这显得很荒谬：在3岁就教语法，在幼童不会读和写之前，但幼童显现出对这种教学的强烈兴趣，而年龄大的儿童兴趣不大。语法毕竟是语言的结构规则，儿童恰恰应当建构语言，在语法中能够得到帮助。

在我们学校的单纯、无文化的女教师，发现学童对词语的饥渴，尽其所能为学童写出词语，由于她们知道的词汇有限，便来找我请教。我们决定以实验名义尝试给学童提供较深文化术语，譬如几何图形名称：多边形、不规则四边形和其他复杂图形，学童在一天内就轻而易举地学会。接着，我们过渡到科学仪器（如温度计、气压计）和植物名称（如花瓣、萼片、雄蕊、雌蕊）。这些词汇受到学童的热烈欢迎，并且要求其他词汇，因为3岁至6岁儿童对词语的饥渴强烈，再长再复杂的词汇都难不倒他们。因此，我们介绍所有学科（动物学、地理学及其他学科）分类中使用的词语，唯一困难在教师方面，她们不了解那些词语，难以记住其含义。

儿童心智不限于亲眼目睹的东西及其性质，而超越这一切，显现出活跃的想象力。对儿童来说，在做游戏时一张桌子可以变成一间房子，一把椅子可以变成一匹马。他们用想象的目光可以"看见"仙女和仙境。他们能毫不费力地想象美国或世界，尤其借助地球仪。我们某些6岁学童拥有一个地球仪，他们彼此谈论这个地球仪，此时一个4岁幼童发现它，对他们说："让我看看！这是世界？现在我懂得叔叔三次环游世界是什么意思。"与此同时，他懂得地球仪只是个模型，因为他知道世界广袤无垠。

还有一位不足5岁的幼童要求看看给大孩子看的地球仪。那些大孩子正在谈论美国，没有注意到他，他打断他们说："纽约在哪儿？"他们给他指出纽约的位置，他立即问道："荷兰在哪儿？"我们恰恰正在荷兰。当他们给他指出荷兰时，他指着地球仪上的天蓝色区域，补充说："这是海，我爸爸每年去美国两次，住在纽约。爸爸刚出发，妈妈就对我们说：'孩子们，爸爸在海上，很快我们就去鹿特丹接他。'"他常听人们说起美国，现在他感到无比幸福：自己发现了美国，在自己头脑中定位，恰恰如以前在实际环境中定位一样。为了把握他那时代的精神世界，他必须在家里从比他大的人们口中收集词语，然后给这些词语装上想象的翅膀。6岁以下幼童，通常把这种想象力浪费在玩具和童话故事中。然而，我们能够为他们提供实际物品，借助这些实际物品让他们发挥其想象力，从而和其环境发生具体、准确的关系。

这一年龄段儿童的另一显著特征是不断提出问题，以探寻事物的真理。这些问题应当引起成人兴趣，不应把它们视为麻烦，而应视为心智探寻信息的表现。然而，儿童不能倾听冗长的讲解，他们需要简洁的回答，最好借助某些物品说明，比如借助地球仪回答地理问题。

为培训教师，需要一定准备，因为我们的逻辑肯定不能解决儿童的问题。我们应当认识他们之前的发展，更要摆脱先入之见、陈腐观念。为了教育3岁至6岁的幼童，我们既要大胆探索，又要细致入微。幸好，儿童主要依靠环境而不是教师成长，教师只应站在他们身旁，当他们需要时给予帮助。

现在谈论性格和道德教育的重要问题。我们的实验证明，应当以不同观点考察这一问题，帮助他们建构性格，而不是对他们讲述该问题。

这里，3岁至6岁年龄段仍然至关重要，由于在这一时期，他们逐渐形成性格，不是根据榜样和受到外在压力，而是基于天性本身。出生后的头3年非常重要，上文我们已经考察过，在这3年里幼童接受影响，能够决定终身的性格。事实上，正是在这一时期形成性格，或同障碍发生冲突，或在摆脱阻碍的自由中。如果在受孕、妊娠、出生和出生后第一阶段，他都受到科学地照料，在3岁时就应成为模范儿童。但这种情况极少发生，因为通常儿童在发展时总会遇到大量障碍。

出生后困难造成的性格缺陷比受孕期造成的缺陷要轻微。在出生后造成的性格缺陷，在3岁至6岁时可以加以纠正，由于在此时期儿童学习适应并完善自己的能力。然而，出生创伤造成的身体和智力上的缺陷，或更早造成的缺陷，很难治愈或纠正。愚笨、癫痫、麻痹，是先天性器质性缺陷，根本不可能治愈，无论如何治疗；相反，非器质性缺陷可以治愈纠正，如果在6岁前进行治疗的话；否则不仅仅保留，还会发展和强化。在我们看来，一位6岁儿童的性格特征其实不是他的，而是通过经验建构的。如果这位幼童从3岁至6岁没有受到精心照料，那么很难获得从7岁至12岁要发展的道德意识，或者可能显现出智力的缺陷。缺乏道德感和学习能力，他就会成为有先天缺陷的人，并永远携带过去心灵失败的标记。

在我们学校，在许多现代学校，每个学童都有一张生物学卡片，这样可以了解不同时期的困扰，从而采取必要的措施。我们向学童家长询问：孩子是否患有遗传性疾病；孩子出生时，父母多大年龄；母亲在妊娠期是否经受事故或神经性休克；孩子出生时是否正常；新生儿是否健康；出生时是否窒息过。其后，我们获取家庭生活的信息：父母或保姆是否严肃，孩子是否有过创伤。这种小型调查不可或缺，因为几乎所有学童性格怪异，并有不好倾向。为了及时治疗和纠正，我们应当确定并认识那些怪异性格和坏倾向。

所有这些偏离正常状态的畸变现象，立即进入人们含糊地称作性格的领域。在这一领域，学童被分为两组：一组是强壮的孩子，他们会清除障碍；另一组是虚弱的孩子，他们屈从并败北。强壮孩子显现出易怒、造反和破坏的行为倾向，自私自利并渴望占有财物，注意力不能集中，心智混乱无序；这类孩子经常大喊大叫，喜欢骚扰他人，对小动物残忍，还往往是贪食者。虚弱孩子被动消极，显现出负面缺陷——懒惰、迟钝，为要东西而哭，想要他人"大包大揽"；他们害怕任何新东西，常常抓住成人不放手。他们总愿娱乐消遣，但很快就厌烦并疲倦。他们有说谎的恶习，还常偷东西：这是他们基本的自卫方式。

伴随这些性格缺陷的还有身体上的麻烦，那些麻烦显现出有心理根源，不要把它们（譬如，食欲不振或贪食引起的胃炎）和真正身体疾患混为一谈。经常做噩梦和惧怕黑暗，会损害孩子的健康，并导致贫血症。没有任何药物可以治愈这些麻烦，由于它们是由心理原因引起的。

对于家庭来说，拥有畸变的儿童，尤其是强壮类型的儿童是真正的不幸。因此，他们的父母把他们关入托儿所或寄宿学校。这样，即使他们的父母健在，他们也最终沦为孤儿。

有些父母采用严厉的方法：父母打小造反者的屁股，大声斥责他们，罚他们不吃晚饭就上床睡觉。然而，他们变得更坏或发展类似消极缺陷。于是，人们尝试通过耐心说服，竭力和他们讲道理，甚至拨动情感的琴弦："为什么你让妈妈生气?"但收效甚微。被动类型退化儿童的父母通常让他们游手好闲。母亲认为自己的孩子很乖、听话，当孩子抓住她手不放，她不在身边就不睡觉时，她说这表明孩子深爱自己。然而，很快她就发现孩子走路、说话比同龄孩子滞后。虽说这孩子身体健康，但什么都害怕，甚至不想吃东西，必须给他讲童话，才能让他吃一口。母亲确信他是精神高尚的孩子，长大会成为一位圣徒或诗人；但母亲很快就找来医生，让医生给孩子治病开药。这类心理疾病让家庭医生交了好运!

所有这些性格缺陷的消逝，让我们第一批学校名扬四海。这些缺陷消逝得益于一件事。学童能够充分自由地在环境中探索，而这种探索是饥饿难耐的头脑的最宝贵食粮。当唤起他们的兴趣，他们就会围绕一个中心反复练习，注意力不断转移。当学童抵达确定阶段，能够全神贯注于一个确定题目，并围绕此题目进行工作时，那些缺陷就消逝得无影无踪。无序主体变得有序，消极被动变为积极主动；原先困扰他们的东西，现在全力以赴地帮助他们。毫无疑义，那些缺陷并非实际特性，而是后天特性。我们向母亲们建议：让她们的孩子从事感兴趣的工作，不要打断孩子正在进行的活动。和蔼可亲、严厉和药物都于事无补。我们对可怕的儿童不搞温情主义，另一方面也不认为他们愚不可及。当他们只简单需要精神食粮时，人们却什么也不提供。就其本性来说，人类是智力生物，他们对精神食粮的需求胜过物质食粮。与其他动物截然不同，人类应当根据生活及自己经验建构自己的行为举止；如果他们走上正确的道路，将会一路顺风。

十二　纪律稻草人

　　因此，业已证明，道德教育只在于性格发展和缺陷消逝，不需要训诫或惩罚，也不需要成人作出好榜样。既不需要威胁，也不需要许诺，而需要有益于生活的条件。

　　除上述考察的两类儿童，所谓听话（或被动）儿童和造反儿童外，人们通常还承认有第三类儿童：身体健康、想象力活跃、注意力好转移；他们的父母视为杰出儿童，总之，是超级儿童！现在，我证实，在我们学校，当儿童被一种活动所吸引，并兴致勃勃地投入这种活动时，所有那些负面特征立即消逝。所谓好的、坏的、杰出的儿童，都融为一体，他们都不保留那些负面特征。这说明迄今为止人们不会正确判断好坏，在评价儿童时犯有错误。显然，儿童活动的基本特点是自发选择（无须教师指导）并持之以恒地工作。每个儿童听从内心指导，投入不同工作，这让他心满意足；此时，儿童显现出从未有过的品质：自发的纪律性。这让参观者叹为观止，远超过书写爆发：学童在教室里走动，自由地选择感兴趣的工作，每人都全神贯注于不同任务，但整体呈现纪律良好的景象。这样，问题得以解决。为了获得纪律，我们给予自由。成人无须成为儿童的良师或行为典范；成人必须让儿童能够自由活动，迄今成人没有做到。

　　在初期，40 名（尤其是 3 岁至 5 岁）学童，没有教师的指导，在教室里安静地工作似乎不可能。各家报刊宣布一个神奇的事实，虽说是真实的，却令人难以置信。参观者试图发现我的骗局，因为他们一致坚信这是一场骗局。有人甚至说，那是我个人魔力所致，或者得益于一种催眠术，而我可以回答："这事发生在纽约，而我却在罗马！"其实，这不是一种偶发现象，而是我们散布在美国、新西兰、法国和英国的所有学校都发生的现象。其他怀疑主义者得出结论：事先女教师对学童进行排练，然后学童在参观者面前表演，女教师用目光指挥他们，不同目光表示赞同或不赞同。然而，证据从世界各地纷至沓来，共同的因素是"正常化"儿童惊人的纪律性。为同"畸变"儿童相对比，我们把在我们学校发展成长的儿童称作"正常化"儿童。

在我的第一所儿童之家里，所有小贵宾都来自一幢巨大的工人经济公寓。在那些怀疑者队伍中，有一位是阿根廷共和国驻意大利王国大使。一次，他决定亲自参观学校，事先不通知，以便不能为其到来做准备。他把自己的意图告诉意大利首相之女，后者答应陪他参观，也不通知学校。他们忘记那天是星期四——意大利小学的假日，我们儿童之家关门。然而，有一位小学童遇到他们，并问他们想做什么。这位小学童年仅4岁，通常这么小的穷孩子不会自如地和富有的外国人交谈。但这个孩子举止自然大方，当他们说想看看学校，但很遗憾学校关门时，他立即回答道："噢，没有关系。门房有钥匙，学童就住在附近，我可以去叫他们。"参观者感到非常惊讶：孩子们高高兴兴地来到教室，满腔热忱地投入学习，即使教师没有在场。大使先生声明，这是无可争辩的事实证据，从此他成为我们教育方法的坚定拥护者。

为庆祝巴拿马运河通航在旧金山举办的世界博览会，提供了另一次证明机会。在教育大厅里设一间蒙台梭利小教室，教室四壁由玻璃制成，以便人们从外面观察，又不打扰不断进入的学童。女教师海伦·帕克赫斯特（Helen Parkhurst）晚9点锁上教室门，把钥匙交给保安。有一天，保安出了车祸，没有来开门。学童和教师不得不在教室外等待，和他们做伴的还有一队参观者。最终，海伦小姐只得宣布那天放假——不能进教室学习。此时，一个学童发现一扇窗户开着，就说："请把我们举高，我们从窗户进入，我们将开始学习。"窗户很宽，可以进入一个学童。但海伦小姐说："你们没有问题，但我不能走窗户。""没有关系，"学童对她说，"您又不学习，您可以和其他人坐在外面看"。就这样，困难被克服，蒙台梭利方法取得意想不到的成功。

幼童在6岁后才能从道德教育中受益，因为在6岁至12岁期间，儿童的意识觉醒，开始对善恶问题感兴趣。从12岁至18岁期间，他们会取得更大成功，因为能够感受到宗教和祖国的理想。

性格发展问题主要是意志和服从问题。一般说来，教育者想要儿童的意志屈服，用自己的意志代替儿童的意志，强迫儿童服从。在这个领域，弥漫着混乱的浓雾，需要驱散迷雾、廓清认识。生物学研究告诉我们，人的意志是被称作生命力的普遍力量的一部分，它不是身体的力量，而是进化中的普遍生命能量。进化遵循规律，进化远离随意和偶然。作为这种力量的表现，人的意志应当塑造其行为，当儿童刚能进行一定行为时，或者说只通过经验，部分地意识到自己的意志。在自然存在中，儿童服从一定规律。

这是一种错误认识：儿童有意的行为是混乱无序的，有时是粗暴的。那样的行为并非儿童意志的表现，因为它们不在生命力领域内。如同面对某人因痉挛做出怪相，我们错以为是其意志的表现。如果我们认为成人或儿童所有混乱无序运动都由意志决定，那么主张应当让那种意志屈从或摧毁它就顺理成章了。一位大教育家说过："教育的本质可以概括为一个词：服从。"根据人类逻辑，应当得出结论：为使儿童服从，可以教给他们所有美德，他们必然成为志士仁人。然而，这意味着儿童的根本缺陷是"不听话"，从而解决问题遥遥无期。幸好，这不是不能解决的问题。人的意志并不表现为混乱无序或粗暴，那是痛苦和违犯的标志。然而，摧毁意志是瞬间行为，而意志的发展是漫长的过程，因为意志是需要成长的，并取决于环境的帮助。

意志的漫长发展过程类似于织布，随着越来越广泛活动的开展，意志的结构日益强化。这些活动和一个中心目的相结合，比如布置餐桌或上菜，儿童的自由意志可以持续朝向一个目的，从而可以形成一个社会，这样的社会内聚力与其说基于同情心，不如说源于意志。在这种情况下，激动不是首要因素，而意志才是凝聚力，如果大家需要或希望同一行动，就会出现沉着冷静的联合行动，这种大联合蔚为大观。但首先应当发展儿童的意志。

在我第一所学校发生的独特事件——肃静课，对我的教育方法作出实际的新贡献。有一次，我走进教室，全班45名学童都全神贯注地工作，他们业已发展其意志。我抱着一个4个月大的婴儿，他双腿按意大利旧风俗被紧紧绑住，从而双腿一动不动。我让小学童观看婴儿，并说："这儿有一位参观者。你们看他多么安静！我肯定你们不能像他那样。"我曾想，他们听到我的玩笑会哄堂大笑。相反，他们全都严肃认真对待：双腿并拢，静止不动，竭力不做任何动作。我以为他们不懂我话的意思，重复说："你们听他的呼吸多么轻微！你们不可能做到，因为你们的胸围大。"我想他们会笑起来，但并非如此。他们继续保持双腿并拢，甚至竭力控制呼吸，以便尽可能肃静，人人表情严肃，聚精会神地凝视着我。于是，我说："现在，我静静地走出教室，婴儿比我还安静，他一动不动，毫无声息。"我走出教室，把婴儿交还给他母亲，然后回到学童身旁，发现他们仍然静止不动，表情郑重，仿佛想说："您看，您发生一点儿声音，而我们和婴儿一样，保持静止和肃静。"这样，所有学童都具有相同意志，所有孩子都被驱使进行相同活动，结果是全班45名学童都能完美地保持静止和肃静。人们纷纷询问我们，如何能够获得如此神奇的纪律性。然而，我最初的意图只是逗他们笑！肃静如此完美，以致我由衷赞叹："多么寂静！"孩子们似乎也欣赏其魅力，保持安静，控制呼吸，此刻我听到钟表的滴答声（以前从未注意），从水龙头流出一滴水落地的声音，苍蝇乱飞的嗡嗡声。这种寂静让孩子们兴高采烈，我们学校的特点源于这一事实，让我们能够度量学童的意志力：锻炼意志，意志愈坚，肃静时间愈长。很快，我们又更上一层楼：低声点名，被点名的学童安静地走到前面，其他学童保持静止；由于每个学童都小心翼翼地、慢慢地走路（避免发出声音），最后被点名的学童要等较长时间。这些孩子显现出比成人还强的抑制力，意志和抑制恰恰是服从的要素。

当我把婴儿抱进教室时，无意中促使我获得肃静课的最初经验。但我不能总是受偶然条件制约，我还想唤醒学童对肃静课的兴趣。我发现最好的方式是向他们提问："你们喜欢做肃静练习吗?"结果，立即出现激动人心的场面，我发现我能命令他们肃静，他们服从我的命令。在这方面，一位有10年教龄的女教师的经验饶有兴味。她证明应当避免提前安排，譬如，不要说"在今晚放学前所有东西整理有序"，因为学童在她的话未说完时，就充分理解其意，结果会立即付诸行动。每当她下命令，都发生此类情况；恰恰由于这种立即反应，她说话时感到责任重大。说实话，服从是意志发展的最后阶段。于是，只有意志发展，服从才有可能。优秀教师善于谨慎行事，避免滥用学童的服从。谁居高临下，就肩负指导的责任，就应当感受到责任的重大，而不是滥施权威。儿童在年满7岁后，会探寻这种向导；在此之前，他们主要遵循社会内聚本能。

服从的发展有三个阶段：

（一）完成任务的生理能力。只要这种能力尚未发展，儿童就会第一天服从，第二天就拒绝服从。不是出于恶意，而是由于此阶段没有充分发展。

（二）永远自动服从的能力。

（三）服从的更高形式（在成人中极少）在于渴望并幸福地服从。

如果一个儿童因害怕教师，或者因享受其爱而服从其命令，他就没有自己的意志，靠抑制意志实现服从，其实这是一种被压迫现象。在学校里往往这样获得服从，但高级形式纪律是通过发展意志来实现服从，而这基于靠内聚力实现的社会，这种社会是向组织社会迈出的第一步。

这种社会内聚力类似于织物的经纱，个性的纬纱彼此并列，为了保持有序固定在某物上。我们的情况是，儿童个性的纬线被环境固定，在6岁以后，另一种线（经线）开始把彼此分离的纬线连接起来，上下编织以便形成织物。它们一旦交织、固定成织物，就不再需要支撑物了。这让我们对社会胚胎的自然进程瞥上一眼。人们通常认为社会建立在政府和法律之上。儿童教导我们：首先应当存在意志发展的个体，然后才能要求他们团结，正如任何组织最初采取的步骤。首先需要意志的力量，其次是由情感形成的内聚力，最终是由意志形成的内聚性。

十三 怎样成为蒙台梭利式教师

　　我们往往对蒙台梭利方法作出非常肤浅的判断，断言它对教师要求甚少，教师应避免干预，应让儿童自由从事自己的活动。然而，当考察教具、教具数量、教具介绍的次序及细节时，总体说来，教师的任务既积极又复杂。肯定不能说，蒙台梭利式教师是消极的，而普通教师是积极的。甚至我们描述的所有活动都因教师的积极准备和指导，而其最终"消极性"是其成功的标志，证明其幸福地完成任务。优秀教师善于带领其负责的班级达到如此高度。她可以说："无论我是否在场，我的班级都能独立工作。集体拥有自主性。"为了达到这一高度，应当按确定的方针路线培训教师。

　　一位普通教师不能直接成为蒙台梭利式教师，她必须摆脱所有教育学偏见，彻底改头换面，才能成为蒙台梭利式教师。第一步是想象力的自我准备，因为蒙台梭利式教师应当发现尚不存在的儿童，更确切地说，应当信任通过工作显现出的儿童。性格畸变的儿童并没有损害女教师的信任，她用睿智的目光观察不同性格的儿童，满怀信心地期待新型儿童的出现，当他们对一件工作感兴趣并全神贯注地投入。女教师期待学童注意力集中的先兆。

　　在这一工作中存在三个发展阶段：

　　（一）作为环境的捍卫者和保护者，女教师把注意力集中于事物，而不是关注困难学童的问题，她知道治疗的药方来自环境本身。其实，这里是兴趣中心，应当让学童把注意力集中于一点。教具总要美观、光洁并保持完好，不要残缺不全，从而在学童眼中，教具是新的、完整无损的、随时可以使用的。女教师也属于环境，本身应具有魅力，最好年轻貌美，着装趣味高雅，清洁芳香，快乐并端庄。这是理想的女教师，如果不能做到全部，至少面对学童的女教师应当记住他们是"大人物"，应当尊重并理解他们。女教师应当研究自己的动作，让它们尽可能完美优雅，从而让学童不知不觉送给她最好的礼物——像母亲那样美好（自然，是孩子心中的理想美）。

（二）在第二阶段，女教师开始和学童接触，他们仍处于混乱无序状态，他们的心智飘忽不定，没有目标——被强烈吸引并全神贯注投入的工作。女教师应当善于说服，应当具有一定魅力并会运用这种魅力，善于使用各种手段（当然，排除棍棒），以便引起学童的注意。女教师可以按自己的意愿办，因为此时她的干预无损大局，于是更需要一个生动表情，以启示他们不同的活动。如果学童继续骚扰他人，女教师应当坚决制止，由于这种行为不是需要一个周期才能完成的活动。

（三）通常通过实际生活练习来引起学童兴趣，因为还不具备介绍教具的适宜条件。女教师退居幕后，并且应当绝对避免干预。在这一阶段，女教师往往易犯错误。譬如，女教师大讲"好，好"等激励的话语，而不是从学童身边走过，当他们正聚精会神地投入一项工作时。这种善意的赞扬足以造成损害：学童会几个星期不再专注于工作。不仅如此，年幼学童如果遇到困难，女教师不应向他演示如何克服，否则他会丧失任何兴趣。对他来说，克服困难恰恰是激励因素，而不是工作本身。当一个学童举起较重东西时，他不愿别人助一臂之力，往往当他发现女教师在望着他时，就会立即中止工作。学童一旦开始全神贯注地投入自己的工作，女教师就应立即停止观察他，好像他根本不存在，或至少不让学童发觉女教师在注意他。甚至当两个学童争抢同一个教具时，女教师也应当让他们自己解决问题，除非他们明确要求女教师帮助。当学童对旧教具失去兴趣时，女教师的任务是向他们介绍新教具。全神贯注投入某项工作的学童，可能愿意向女教师演示，以获得后者的赞许。在此种情况下，她会热情并真诚地说："你真棒！"女教师因获得成功和学童一起快乐。

蒙台梭利式教师不是指派为学童实际服务的婢女，诸如给他们洗澡穿衣，给他们喂饭。蒙台梭利式教师知道学童必须自己做这些事情，从而发展其独立自主性。我们应当帮助儿童自己独自行动，自己思考，自己决定。这就是渴望为儿童精神发展服务的人们的追求。女教师最大快乐是参与学童精神的表现，这种表现是对女教师信任的回报。儿童应当成为这样的人：不知疲倦的工作者，心如止水的学生，他们乐于竭尽全力帮助弱者，同时善于尊重他人的独立性，总之，他们是真正的儿童。

我们的教师就这样深入探寻童年的秘密，拥有比普通教师更高更多的知识。普通教师只接触其学生生活的表面现象，我们的教师认识儿童的秘密，对儿童怀有深深的爱：现在第一次理解什么是真正的爱。无疑，这种爱与用亲吻和抚爱表达的个人之爱截然不同。差异恰恰在于儿童的活动，儿童显现的精神面貌深深感动教师，使教师提升到新水平，她们对此却浑然不知。现在，她们认识到这一点，为此感到无比幸福。过去，领取更高薪水，干分内工作，令她们心满意足；行使权利施加影响，也令她们满意，最大希望是成为校长和督学。然而，真正的快乐并不在于这一切，她们情愿放弃这一切，以换取心灵的幸福，这种高尚、强烈的幸福，儿童可以给予，因为"天国是他们的"。

如何教育潜在成人

Come educare il potenziale umano

导　言

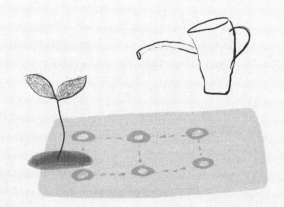

　　本书希望成为《为新世界而教育》的续篇，旨在帮助教育者懂得6岁以上儿童的需求。我们确信，具有中等智力水平的12岁男女少年，在我们的一所学校接受教育，至少掌握普通高中的"最终成果"，却没有付出身心痛苦和畸变的代价。我们的学生甚至为生活的艰难困苦做好充分准备，他们惯于受想象和热情的引导，自由地训练意志力和判断力。只有这样的学生才能成功履行文明社会公民的职责。

　　本书前四章主要涉及心理学，并且描绘教育者应研究的儿童多变个性，为此必须不断地适应他们的个性。成功的秘密在于睿智地激活儿童的想象力，以唤起他们的兴趣，并让具有吸引力的教具播下的种子发芽，不管这些教具是图形还是字母，都和一个给人启迪的核心观念——整体宇宙观——相连，在这一宇宙观中，所有人无论意识到与否，都符合生命的伟大目的。将向你们解释，地质学和生物学的最新发现如何改变生命进化观，同样，现在自我完善应当把首位让给原初自然冲动间的合作。

　　随后的八章提示如何向儿童介绍整体宇宙观，我们生活其上的地球令人激动的历史，地球在漫长时光流逝中发生的千变万化，那时水是大自然的主要驯服工具；陆地和海洋如何争夺霸权，直至实现要素间的平衡，从而保证生命登上舞台并在伟大戏剧中扮演自己的角色。正如我们今天认识那样，面对儿童的想象来介绍地球的创造，适度地使用图画和提示性图表说明；不断地强调在自然的伟大整体中，每一个要素都应履行自己的职责（无论意识到与否），不履行职责将受到惩罚。我们叙述旧石器时期人类的出现，他们通过使用过的影响环境的工具，而不是通过渺小生命的身体遗骸使得自己复活。智力新要素导致人类的创造，引导儿童懂得从此时起进化速度加快。儿童学习考察远古的先驱者，那些先祖为了实现并不了解的目标而历经艰险，我们现在清晰地认识那些目标。游牧者和定居者对形成最初共同体作出贡献，在战争与和平的交替中，分享并传布社会生活的欢乐。

从第十三章开始简述早期文明，特别注意指出它们的相互影响，说明人类文明如何缓慢地融合并趋同，恰恰如同在个体中，各个器官先是围绕分离的利益中心形成，随后被血液循环系统和神经系统结合成统一机体。这样，儿童通过了解世界历史的某些激动人心的时代，终于懂得人类曾经生活在胚胎阶段，并且只在此时才真正降生，能够意识到自己的职责和团结的必要性。

最后几章接着考察儿童心理特征，坚持认为教师对于民族和世界的前途至关重要，他们应当完成崇高使命。教师不应当只为一个政治的或社会的信念服务、工作，而应当为人类的全面发展服务、工作，让新一代能够自由地锻炼，建构自我纪律、意志力和判断力，从而不被偏见引入歧途，不因惧怕艰难而扭曲人格。

一 面对整体宇宙观 的六岁儿童

　　6岁至12岁儿童教育不是以前教育的直接继续，而应当在其基础上建构。根据心理学理论，儿童人格发生深刻变化；即我们承认天性让儿童有一个吸收文化的时期，正如前一时期注定要吸纳环境。现在，我们面对着儿童意识的可观发展，以前意识已经苏醒，但现在特别趋向外界：儿童智力日益外倾，他们日益要求知道事物的原因。当存在学习的强烈愿望时，由于可以用更好方式传授知识，这一时期恰恰可以播下各种种子，因为此时儿童的心智就像肥沃的土地，准备接受以文化形态发芽的东西。然而，如果在此时期儿童心智被忽视或者其需求落空，他们的心智就会变得愚钝，并且以后拒斥任何知识的讲授。如果播种太晚，兴趣就不会产生；相反6岁儿童会满腔热忱地接受各种知识，再晚些时候这些种子将膨胀发芽。如果你们问我能够播下多少种子，我的回答是："尽其可能！"如果我们环顾四周，如果我们考察这一时期文明的发展，我们看不到应当献给儿童的东西的局限：他们面对着广阔的田野，在这个无垠土地上选择自己的活动，不应当遇到无知的障碍。然而，完整地提供现代文化是不可能的事，从而需要一种特殊方法，凭借这种方法可以把文化的所有要素介绍给一个6岁孩子：不是用细节准确的教学大纲强加给他，而是播下大量兴趣的种子。它们刚刚被心智接受，但随着意志力逐渐确立迟早要发芽，从而他能够成为适应我们这个扩张时代的个体。

如何教育潜在成人

这一年龄儿童教育的第二个方面涉及儿童对道德世界的探索，区分善与恶。他们不再消极被动地吸收印象，不再乐于简单接受事实，而是想要独自理解。伴随他们道德活动的发展，他们希望自己作出判断，其判断标准往往和教师的截然不同。再没有比教给这个年龄儿童道德价值更困难的事了。他们会立即反驳我们所说的一切，因为他们变成小造反者。母亲们往往受到伤害：此前亲切可爱的孩子，现在变得鲁莽、粗暴和蛮横。然而，这种行为举止只是内在深刻变化的结果。现在，天性以完美逻辑方式作用于儿童，不仅激起他们的求知欲，而且激起独立思考的需求，靠自己力量区分善恶的愿望，对靠权威随意强加限制的不满。

有待观察6岁儿童的第三个有趣事实是，他们感到需要和其他人联合，而不仅仅是陪伴。他们乐于和其他人结为一组，在这个组内每人都起独特作用：选出一位首领，大家都服从他，从而形成一个紧密团结的小组。这是一种符合天性的倾向，凭借它人类得以组织起来。如果在这个社会兴趣和智力敏锐的时期，我们尽一切可能给儿童提供文化，以扩展他们对世界的认识和看法，这种组织性天资将会形成并发展；儿童在道德世界接受的所有光辉，他们树立的崇高理想，都将在下一阶段有益于社会组织。

然而，和为饥渴的心智提供营养相比，和为激情探索开拓广阔认识领域相比，所有其他因素都丧失意义、无足轻重。如果我们没有任何方法就准备承担重任，绝对不可能完成这一重任。但我们已经掌握秘密，从而问题能够解决，由于儿童本身走在我们前面，在他们人生的最初几年向我们揭示出秘密。对他们来说，我们不是陌生人；对我们来说，他们也不是陌生人。此外，我们向他们学习了一些心理学基本原理。其中一个原理是，儿童应当通过自己个人活动来学习，应当让他们自由选择精神上所需要的东西，他们的选择不要受到质疑。我们的教学不仅应满足儿童的智力需求，而且永远不要把智力需求强加给他们。恰恰如同一个幼童从不停步，因为他需要协调自己的动作。同样，年龄大些的儿童因好奇而显得骚动不安，他们渴望知道看到的一切是什么，为什么和如何，用自己的头脑活动正在组织自己的智力，因此我们应当为他们提供丰富的文化食粮。教师的任务变得容易，鉴于不需要选择教授内容，而应当向他们简单地展示一切，旨在能够满足他们的精神饥渴。儿童应当拥有选择的绝对自由，其后只需要重复体验，在获得一定认识过程中，这些体验越来越具有兴趣和注意的特征。

在一所蒙台梭利学校学习过的 6 岁学童，不像缺乏这种体验的儿童那样无知。他们更优秀，他们会读会写，对数学、科学、地理和历史颇感兴趣，从而其后很容易让他们学习希望他们学习的东西。教师面对着学童，他们业已掌握文化基础，渴望在这些基础上构建、学习并深入认识他们感兴趣的所有课程。于是，教师要走的道路清晰可见！教师似乎觉得无事可做！然而，并非如此：教师的任务既不渺小也不容易。他们应当准备大量知识以满足学童的求知欲，和一般教师不同，他们不使用限制的大纲，在这种大纲中规定在特定时期内分配给每门课程的确定数量。显然，在这样的条件下，满足儿童需求变得更加困难，教师在制定大纲和时刻表后再也不能有所作为。教师本人应当对所有题目有良好认识，从而将发现以前理解问题肤浅。然而，请你们确立信心并鼓足勇气，不要错失得到帮助的机会，错失一个科学地研究并检验的方案。

正如业已证明的那样，必须慷慨地给予儿童更多东西，让我们给予他们整体宇宙观。宇宙是令人肃然起敬的实在，是对所有疑问的回答。我们一起走上这条人生之路，因为所有事物都是宇宙的一部分，它们相互联系以形成统一整体。这种观念帮助儿童心智定向，避免毫无目的地探寻知识。儿童心满意足，因为他们最终发现自身和万物的普遍核心。

当然，儿童的兴趣应该围绕一个中心点，但今天使用的方法不能达到此目的。如果我们全部教学集中于一个特殊题目或具有一个有限目标，如果我们乐于传授给他们支离破碎的知识，以便他们能够记住，在不断成长阶段的个体心智如何能够产生兴趣？如果兴趣不是发自内心，我们如何能够强迫儿童产生兴趣？从外部我们只能履行职责和付出辛劳，从来不会得到兴趣！对此应当有清醒认识。

如果正确地向儿童介绍宇宙观念，将会更好地引起儿童的兴趣，因为在他们心中激起对宇宙的赞赏和惊奇，这是比单纯兴趣更高、比心满意足更丰富的情感。于是，儿童的思维不再四处漫游，而有确定方向；他们的智力能够工作。他们的认识将组织起来并系统化；我们为他们提供整体观，以帮助他们智力充分发展。由于他们的兴趣扩展到每一事物，每一事物都和其他事物相关，在宇宙中都有自己的位置，这就是他们思维的核心。星辰、大地、岩石，每种生命形式构成唯一整体，并且彼此发生紧密关系。它们之间的关系是如此紧密，以至若不懂得伟大太阳的一点儿知识的话，我们就不能理解一块石头！我们关注所有事物，一个原子或一个细胞，如果我们不认识无限宇宙，我们就不能解释原子或细胞。我们能够给予这些求知若渴的儿童什么更好的回答？我们甚至产生疑问：宇宙本身都可能不够。宇宙如何形成和如何终结？于是，激起儿童更大的好奇心，这种好奇心从来不会满足，将持续终生。制约宇宙的规律应当这样陈述，激起儿童的兴趣和惊奇，甚至让他们对自身的兴趣超过对事物的兴趣。于是，他们开始发问：我是什么？人类在这个神奇宇宙中的任务是什么？我们在宇宙中生活仅为自己，还是有更崇高的使命？为什么我们要奋斗和彼此争斗？什么是善和恶？这一切将在何处终结？

这种宇宙观教育方案，1935年在英国首次解释为高级小学蒙台梭利方法的基础，并且业已证明是唯一道路，我们能够沿着这条道路坚定不移地前进、深化我们的教育学研究。当然，这种方案不适用一字不识和一无所知的学童。事实上，这不是一种新观念，而首先是面对儿童的教学原则：创造世界和人类在创造世界中的位置，即使最近这一原则被废弃不用，但存在真正教育的地方却自发地采用它，尽可能回答宗教和哲学提出的疑问。回答总是这样，今天仍然有效："上天派你来地球，为了让你工作并履行自己的职责。"然而，现在，根据一个科学方案可以实施这一原则，并激起儿童更加强烈的兴趣。

二　如何利用想象力

　　来自蒙台梭利学校（主要学习这种高级课程）的6岁学童的文化兴趣业已多样化，酷爱秩序甚至数学，而数学通常被视为普通儿童的学习障碍。此外，他们的心智已经能够控制和指挥双手的微小动作。在我们学校低年级实行的实际工作受到普遍赞誉，以致我们手工科学训练被其他学校广泛采用，那些学校在其他教育方面采用和我们截然不同的方法。在下一阶段，我们继续让学童通过手工活动进行学习，尤其在力学和物理学领域。譬如，我们教给他们压强定律和张力定律，我们让人用石头搭成一个拱门，那些石头无须水泥就能让拱门成形。修筑桥梁、制作飞机、修筑铁路（计算曲率），成为正常教学活动的一部分，学童根据静力学和动力学原理熟悉构建方法。当然，必须正确地采用我们的方法，使用全部不可或缺的器具。每次为实际生活训练的各个细节都尽可能引入机械教具，这样，我们的学童为将来生活在完全基于机器的文明中做好准备。

　　在采用我们方法的这部分时，某些现代学校，尤其在美国的学校甚至决定，儿童在其智力发展的这个阶段，为了发展智力只应学习这些机器。在这些学校，和机器一起还引入自由：儿童自由地选择自己的工作，至此都很好。然而，所有不能用此手段学习的一切知识都被摒弃，认为它们毫无意义和无足轻重。于是，错误地认为儿童通过自我活动不可能理解数学和其他抽象学科。这些建立在实际工作基础之上的学校，

如何教育潜在成人

反对所谓"传统"学校的做法，在那里主要讲授理论学科并要求记牢知识。然而，我们既反对前种学校又反对后种学校的做法。

人格是不可分割的统一整体，心智的所有才能取决于一个唯一中心。这是儿童本身向我们揭示的秘密：只要让他们的手和头脑一起工作，他们完成的工作远远超过我们的想象和我们的期待，这指一切领域，包括知识和理论方面。当儿童通过手工活动实现目的时，他们对抽象学科显现出强烈兴趣。他们在知识领域奋勇前进，那些领域迄今被视为他们难以掌握，比如语法和数学。我问自己，怎么诞生这样一种理论：手工劳动导致无心智和愚钝，文明心智应当和手笨相一致！或许一个人应当分为脑力劳动者或体力劳动者，不允许他用整个人格活动？片面发展益于整体，怎么能接受这种不合逻辑的怪论？今天，在各种大会上，把终生献给教育事业的著名人士，严肃地讨论是喜欢实际方法还是教学纪律。然而，儿童本身已经向我们揭示出，纪律是整体发展、受手工活动帮助的智力活动的结果。只要你们允许儿童整体发挥作用，你们就会得到纪律，否则不会。部落、集团、民族是这种纪律和自发结社的结果。只存在一个问题，人的整体发展；当一个儿童或一个民族实现这一点后，一切其他问题自发地、和谐地迎刃而解。

因此，我坚信儿童的整体人格应当投入活动，首先应当发现其中心在宇宙观念中，从而向我们提出问题：应当怎样和何时向他们介绍宇宙观念。我们从幼童那里学习间接接触多么有效，譬如，在他们在场的情况下，我们转向比他们大的孩子（事实上，在我们学校，在某种限度内有不同年龄的学童）。当我们尝试对这些大孩子讲授时，那些小孩子聚拢来，显现出极大兴趣。6岁学童尤其显现出对一张图的强烈兴趣，那张图上画着一个球形和一个点，分别表示太阳和地球。幼童因新发现而激动不已，舍不得离开那张图；而大孩子已经上过相关课程，他们觉得那张图索然无味，他们需要截然不同的东西，才能产生类似兴趣，在这种激动和简单理解之间存在差异。点和球形激活幼童的想象力，他们对这一发现激动不已，那一发现超越其认识的限度，那不是属于其物理环境的东西，是用双手抓不住的东西。如果这种图画让大孩子毫无兴趣，并不意味着根本不能激活他们的想象力，只需让他们脱离其小世界，大步进入更广阔的世界、尚未认识的宇宙之中。然而，如果缺乏帮助，他们尚不能把握秘密和奇迹。我们的任务是引导6岁至12岁的儿童沿着这条小路走向更高的实在，他们的想象可以把握住的实在。想象的景象和对事物的简单感觉截然不同，因为它没有局限。想象不仅能够在无限空间中，而且能够在无限时间中漫游。我们能够穿越不同时代，根据居住地球之上的万物描绘它的不同图景。为了确切知道一个学童是否懂得，我们应当看他能否在思维中形成一个意象，能否超越纯粹理解的水平。

人类意识的产生就像一个想象火球。人类发现的一切，物质的和精神的，都是想象的产物。在学习历史和地理时，没有想象的帮助，我们一事无成；当我们准备让儿童认识宇宙时，除想象外我们还能得到什么帮助？我认为如下做法是犯罪：向儿童介绍各个题目，它们可能成为想象力的高贵和富有的助手，然而却否定利用想象力，另一方面奢望儿童记住那些不能形成意象的东西。我们应当这样介绍那些题目，旨在激活儿童的想象力并让他们激动不已。其后，必须补充其他燃料，让已点燃和正在燃烧的火焰更旺。

优质教学的秘密在于把儿童智力视为可以播下种子的肥沃土壤，那些种子在想象阳光的照射下会发芽。因此，我们的目标不是单纯让儿童懂得，更不是强迫他们记住，而是激活他们的想象力，从而让他们更加朝气蓬勃。我们不希望儿童殷勤讨好，而希望他们热情如火；我们尝试给他们播下生活的种子，而非理论的种子，帮助他们身体、智力和情感成长的种子。为此，我们应当给人类心智提供崇高、伟大的观念，人类心智永远准备迎接那些观念，并不断要求更多观念。

一般说来，教育者承认想象力的重要性，但他们想和智力分开，单独培养想象力，恰恰正如他们想要脱离手工活动培养智力：他们成为人类个性的活体解剖者。在学校里，他们希望儿童学习枯燥无味的知识，把培养他们想象力的任务交给童话，童话述说一个神奇的世界，但不是环绕我们的那个神奇世界、我们生活其中的那个世界。当然，这些童话故事具有动人心弦的要素，能够激起儿童的同情心和愤怒情，因为它们充满悲剧和不幸，忍饥挨饿、被虐待、被抛弃、被欺骗的孩子。恰恰如同成人喜欢戏剧和悲剧，儿童也喜欢这些讲述幽灵和魔鬼的故事，虽说它们也能激起想象力，但和现实没有丝毫的关系。

相反，我们向儿童提供宇宙史，我们就给予他们凭借想象有待建构的东西，这些东西比任何童话的刺激性和神秘感高出千百倍。如果凭借童话来培养想象力，至多童话带来的快乐很晚通过阅读小说才能继续。然而，我们决不应当这样限制想象力的教育。一个惯于在童话故事中寻找快乐的头脑，慢慢地却不可避免地变得怠惰，没有能力承担更崇高的工作。在社会生活中，我们可以发现太多头脑怠惰的实例，那些只注重穿名牌时装的人们，只会和朋友看电影和传布流言蜚语。他们的智力无可挽救地禁锢在牢笼里，它们不可能冲破牢笼；他们的兴趣变得越来越窄，直至只限于小小自我，他们拒斥世界的奇妙，也不可能认识人类的苦难。千真万确，他们变成了行尸走肉。

三 无意识的新心理学

　　20世纪初心理学研究发生深刻变化和意义深远的事件，新心理学家同官方教学方法发生冲突，即使他们还未能找到引导学校走向新方向的办法。事实上，这种新倾向在我们学校已有表现，旧心理学理论和这些表现没有丝毫的关系，在实践上和组织上都是如此。现代心理学完全适应我们的方法，因为旧理论基于对意识的表面事实的观察，而新理论竭力分析无意识并探寻其秘密，旨在发现实在和思维之间的关系。

　　以往的心理学家将生活实在和心理因素清晰地分开，把它们变成截然不同的两极；但无意识的探索者已经发现心理因素研究和生物学因素研究可以处于同一层面。此外心智是一个统一体，整体心智能力不能分成一定数量的个别心智能力，比如记忆、推理、注意力和观念联想，每一种能力都应当从整体上培养。教育通常关注将注意力或推理能力和意志力的训练分开，前者旨在把握讲述内容，后者旨在增强学习意愿；智力被视为某种高于生命本能的东西，因此需要教育并且要从外部影响智力。

　　今天，人们思考智力，不再作为分开的心智能力，而是作为和整个人格结合的生命整体；这样，现代心理学充实了我们的教育方法。

　　在和这些新理论一致时，我们关注三大心智因素，首先是生命因素、生命本身部分。只有经历生命体验才能成为个体，这不是人类的特性，而是所有生物体的共性。因为生命使我们充实丰富，体验会留给我们痕迹，并在这里帮助我们记忆。然而，我们知道意识记忆的局限，了解其印象既模糊又不精确。但现代心理学断言，无意识或下意识能记住每种事物；于是，我们觉得记忆仿佛是深不可测的秘密，为了揭示秘密必须深入研究。

这种下意识记忆具有神奇多变性，并保存对每一事物的记忆，即使我们没有意识到。因此，存在一种和物种相连的记忆，凭借这种记忆的帮助，所有生物体复制独特习惯并传给后代。譬如，凭借这种记忆鸟类根据物种传统方式能够筑巢。这种高级记忆被称作"记忆基质"。记忆基质能让儿童无意识地识别人类语言声音，并自认能够模仿那些声音。只有极少部分记忆基质进入意识领域，这是我们称作的记忆。记忆基质保存所有体验记忆（人经历那些体验才存活），而不仅仅是渗透意识中的无限小部分。

如果你们想做类似心理学实验，请让一个人学会记住一长串分开的音节，并在间隔几天后重复那一长串分开的音节。此人会忘记那些音节；但在很短时间内能重新学会那些音节，因为那些音节已经被记忆基质记住。于是，在记忆基质中存留的不是一些回忆，而是激活意识回忆起（已忘记）体验的能力。一位有教养人士不记得在学校里教给他的许多东西，但他具有智力、迅速学会那些学科的能力，恰恰因为那些学科已经在记忆基质中保存。由此可见，这样，不仅仅智力自身经验，而且在记忆基质中留下的痕迹都使智力强劲。这种痕迹被称作"记忆痕迹"。

下意识充满这种记忆痕迹，通过它们比通过意识记忆发展智力更有效。在我们学校，由于认识到这一事实并在实践中落实，儿童的智力得到显著提高。而在传统学校，唯一目标是在意识记忆中积累知识，没有为儿童提供任何通过各种持续体验增长记忆痕迹的机会。

另一个不可或缺的智力因素是刺激有目的行动，它属于被称作"生命冲动"的东西。哲学家柏格森①给生命冲动命名，生命冲动驱使生物

---

① 柏格森（H.Bergson, 1859—1941），法国哲学家。生命哲学和直觉主义的主要代表之一，提出了创造进化论。

体不断体验以积累记忆痕迹。这种力量引导我们学校的学童自发地工作，持之以恒地重复体验，直至完全满意为止。有时被称作"生命意志"，当涉及人并在意识心理因素之间进行分类时，而在其他生物那里被视为一种生物的和潜意识的因素。实际上，"生命冲动"存在于每种生命形态中，当在思维的意识层面凸显时，并成为意志因素，成为意志。潜意识生命冲动和意识意志的冲动相比力量大得多，其活动领域广得多，就如同记忆基质和记忆相比那样。人类可受生命原动力驱使行动，意识并没有自觉参与，正如在催眠状态下，人们正确地认识到这一事实对人类构成危险，因为这是一种我们尚未认识的力量，我们不能成功地免受其害。精神进程的相互关系构成人类心理学的重要篇章：人们往往采取行动，但绝对不会解释其动因。儿童完成的产生严重后果的行为就属此类，并且为了让年轻一代健康成长，避免这类危险，必须懂得那些危险，从一开始适当地训练和发展儿童的意识意志，正如应用蒙台梭利教育法所做那样。

潜意识行为这一迷宫的第三个重要因素是被用来称作观念联合的东西，即形成连贯思想的东西。所有教育方法基于如下原则：围绕每个原初观念，可以收集其他观念，它们和原初观念和谐或者冲突。然而，现代心理学家认为这种因素具有次要意义，还认为它只在表面上真实。他们认为诸多观念不如记忆痕迹重要，每当兴趣集中于某个事物时，记忆痕迹就在潜意识中联合。这种记忆痕迹的联合是自发的，并且以持久、巨大的力量活动，丝毫不是从外部引起的观念联合。众所周知，正如一位数学大学生可能数小时思考一个问题而毫无结果，直至他决定"上床睡觉"；当他一觉醒来，发现解决那问题易如反掌。或许因为他休息好能更好思维和更好理解？不是，他刚一清醒，就意识到问题在其头脑中已经解决，仿佛问题解决本身迫使他醒过来，并且记下笔记。唯一可能的解释是记忆痕迹没有沉睡，在相互联合时进行工作并迫使意识行动。

这样可以说，每个人都在潜意识中完成智力工作，在潜意识中记忆痕迹构成心理情结。这些心理情结产生更多观念联合，因为组织起来从事一件工作，一件我们有意识地不能完成的工作。心理情结帮助一位作家为其意识思维创造好理念、新观念，用于启示灵感。这种心理情结的工作对于教育至关重要。

恰恰由于这些发现，今天我们的看法是，不应当费力地记忆某些重要题目，而应当轻松地学习它们，其后放几天不要全忘，这样让记忆痕迹集中并组织起来。千真万确，在一所蒙台梭利学校可以观察到这些现象。这里，学童奉献给我们的精神进程先于心理学研究的成果。人们往往看到，有些孩子在室外独自行走，而其他孩子正在工作，因为他们学会某些东西后，立即感到需要安静；当他们返回教室时，证明自己具有新的能力，恰恰正如一位小学生暑假过后返校，发现自己懂得以前不清楚的事情。我们认为，根据这些事实，让儿童为考试忙忙碌碌不仅无用，甚至有害！

当我们发现和现代心理学家在所有各点上都和谐一致而感到愉快时，他们的作品使我们的事业受益匪浅，但我们应当承认在一个重要之点上存在分歧。迄今他们不能将自己的理论运用于教育，他们坚称在未来几代才能实现；相反，我们认为，在有利条件下，现在就可以实现。心理学研究是在学校之外进行的，其结论是通过对成人个体观察和对潜意识实验测试得出的；期待看到儿童以独特方式反对其新方法的心理学家感到很失望。然而，我们通过学习懂得，儿童心理学不是成人心理学，对儿童来说，本质条件是在准备好的环境中自由活动，在那样的环境中儿童能够睿智地活动。只要教师把自己的结论强加给儿童，不管其心理学知识准备多牢固，都不可能实现预想目标，即引起儿童兴趣和自发工作。这样，人们在近期遵循心理分析，大谈本能的升华，并尝试通过培养情感和爱心来实现这种升华，但在学校儿童对这些努力无动于衷。心理学家根据动物行为和成人的行为方式构建自己的理论，他们从这里出发进行教育改革，这使得我们的道路在某点上和他们的重合，但我们是从儿童本身出发进行改革！他们探索一种和其理论一致的教育方法，而我们探索一种符合我们方法的心理学。

作为本能升华的例证，一位现代作家写道，我们的科学是升华好奇心的纪念碑。我们完全赞同这一说法，并证明儿童能对科学及其所有神奇产生巨大兴趣，当给予他们关于生命起源及生命直至今天进步的准确看法，我们发现儿童的好奇心本能因这种更高兴趣而升华，但要发生这一切，我们只有在心理学家认为不可能的较小年龄段向他们介绍。儿童教导我们，在这个最初阶段儿童的敏感性和兴趣远比以后阶段强烈，到那时只有他们业已对这些学科有兴趣并敏感，才能正确地科学地学习。那时，不再仅仅是好奇，而是有强烈兴趣、基于感受的热忱。

儿童应当热爱他们学习的一切，因为他们的智力发展和情感发展相互关联。向他们介绍的一切应当既完美又清晰，从而激活他们的想象力。一旦这种挚爱被激起，所有教育困难都烟消云散。但丁说过"崇高的智慧和首要的挚爱"，也就是说"超级智慧首先意味着挚爱"。为了让心灵升华，应当达到这种挚爱的完美境界——界定为智慧的挚爱的境界，从而同对个体的爱加以区分。儿童能够喜欢像数学这样的抽象学科，并且喜欢它们；因此，可以存在对智力工作的挚爱，而心理学家梦想未来将实现的东西现在已经实现。

有些人希望激起儿童对所有课程的挚爱之情时，人们就会变得更人道，残酷的战争将终结。然而，对科学和艺术的挚爱，对人类所创造的一切的挚爱，并不足以在人与人之间产生相互之爱。热爱美丽的晚霞，惊奇地观察小昆虫，并不必然唤醒对人类的伟大之爱；热爱艺术也不会让人对邻居产生爱意。最需要做的事情就是让幼儿同人类亲密无间。今天，在我们心中没有对他人的爱，虽然我们从他人那里接受并继续接受食物、服装和所有为我们造福的发明创造。我们使用并享受他人为我们所做的一切，却不知感恩，正如无神论者不承认上天的爱和恩惠。我们或许教儿童感谢上天并祈求上天，却没有教他们感谢人类，人类是上天创造的"珍宝"。我们从来没有为那些男人和女人着想，正是他们每天牺牲自己的生活而使我们的生活更丰富更美好。当儿童掌握所有课程时感到无比快乐，如果引导他们了解那些学科研究的过程和先驱者，他们会感到学习起来更容易。我们写字和读书，可以教给儿童谁发明的书写方式和书写工具，怎样发展到印刷术，书籍如何变得浩如烟海。每一成果都有人作出牺牲（他们现在已不在人世）。每张地图雄辩地向我们诉说探险家和开拓者的事业，为了发现新土地、河流和湖泊，为了让我们居住的世界更广阔更富饶，他们经受了重重困难和各种考验。

在教育儿童时，我们呼唤他们关注头上没有名人光环的普通男人和女人，从而培养他们对人类的爱；这不是今天以博爱之名宣扬的空洞、苍白的情感，也不是要解放并提高劳动者阶级的政治情感。这里首先需要的绝不是对人类的家长式的、仁慈的情感，而是对人类尊严的敬畏意识和人类的价值意识。这种意识应当像宗教情感那样培养，确实我们大家都应具有，因为无须记住：没有一个人能钟爱上天却对邻居冷漠。

四 展现给儿童 想象的宇宙

　　为了让儿童对宇宙产生兴趣，我们应当为他们做的第一件事是提供基本数据，即简单地让他们懂得宇宙的运行机制，但我们不得不从较高的哲学性质概念出发，要适合儿童心理并以他们可以接受的方式陈述。在这里求助于某些神话和童话将受益匪浅，但它们用以将自然真理形象化，而不完全是想象的。

　　我们可以用地球的固态、液态、气态三个包裹物和第四包裹物，即占据整个外大气层并渗透到前三个包裹物的生命。有时被称作"生物圈"，或生命圈，它属于地球，就像毛皮属于动物一样；因此不是作为从太空突然降至地球的东西。可见，它是地球不可或缺的部分，正如毛皮是动物必不可少的部分一样。生命的功能是和地球一起成长，不仅为了自身，而且为了保护和改变地球本身。生命是世界的一种创造力量，是一种能量，生命的规律被生物学所研究，这些规律就像制约物理、化学变化的规律一样。我们业已学习过每个生物体自身具有活动倾向和接受并记忆印象的能力。这些力量构成心智的新内容，正如心理学教给我们的那样，作为基本能量，它们是生命的主要力量。活动的冲动以体验作为结果，凭借大脑体验被机体所记忆。无论是人类还是动物，"记忆基质"和生命原动力在其身体的、心智的不同领域工作；而生物体靠其功能倾向于自我保存，与此同时自身体验让生物体更加完善。这种完善过程被称作进化。

　　恰恰如同随着动物的生长，其毛皮生长并且变化；恰恰如同小鸟逐渐成熟，其羽毛形状变美、颜色艳丽；同样，伴随地球的进化，生命不断变化。生命并非应当为自身实现完善，它是宇宙内在组成部分，在世界变化中发挥自己的功能：它们的千变万化主要和地球的要求有关，和自身趋向完善的冲动关系不大。

　　生命是宇宙的精华。这一真理如何介绍给儿童才能激活他们的想象力？儿童可能被庞大规模所打动，向他们介绍地球上生命的千差万别和神奇分布会很容易，因为他们已经掌握数字。开始时先介绍每个国家居民人数，这些数字很容易记住；再介绍海洋深处的生命，我们知道这种生命不能用数字表示。我们首先介绍给人深刻印象的巨型动物，比如鲸，鉴于它们的体形，从逻辑上看其数目比小鱼要少得多。鲸成群结队地生活在北部海域，但在寒冷季节它们游向温暖的海域，其他鲸群，比如来自南极的巨头鲸群也接踵而至。从而，鲸的数目不是成百上千，而是成千上万（甚至十几万）；可以想象海洋的其他生命，那是数不胜数的小动物群。我们需要数字帮助以提供想象画面，如果我们缺少准确数字，我们可以提及海面被鱼群覆盖的地区，在某个季节鱼类被迫浮出水面。众所周知，在那些时期，鱼群覆盖地区的面积可达 80—100 平方千米；这些只是跃出水面的少数鱼群，在深海骚扰它们的鱼群数目更大。随后，我们发现在一个较小地区每年就需要 1 万艘船把捕的海鱼运上岸，仅仅在欧洲一地每年出售的一种鱼——大西洋鳕鱼就高达 4000 万尾，这样我们开始对海洋生命的规模有所认识。不仅如此，我们还考察鱼类的繁殖：鲱一次排卵高达 7 万个，大西洋鳕鱼每年两次排卵 100 万个，通常可以持续 10 年。

　　由于儿童非常喜欢根据这些庞大数字工作，其后我们可以对他们说，鱼类属于海洋生命的贵族，低级物种的繁殖能力更强，以致再大数字都不足以计算它们的数量。众所周知，有时涌出水面的水母数目惊人，速度最快的汽艇需用三天才能穿越水母覆盖的水域；那些巨大的白色生物靠吞食大量小生物而生存，它们用无数触须捕食小动物，那些小动物仿佛无穷无尽。我们可以想象有多少微小动物在南北回归线上照亮方圆数千米的海面，那闪光的海面可以和灿烂的星空媲美。在显微镜下，一滴水里可以区分出几百种微小生物，那么在浩瀚海洋中会有多少？人们已经计算出，一个海洋小生物可以在 10 天内繁殖出 100 万个同类；也就是说，在 20 天后由它繁殖出 1 万亿个，1 个月内繁殖量高达 100 万的三次幂！

对陆地上的动植物也有类似发现。在中非，伟大的探险家利文斯敦[①]计算过，在他面前经过的一群动物中至少有 4 万只印度羚。众所周知，一群鸽子在空中飞翔可以遮蔽阳光；在南美洲某些海鸟数量惊人，以致它们的粪便堆积在礁石上（它们在那里落脚）成为一种宝贵的贸易物资——"鸟粪"。在许多国家成群蝗虫造成灾难：它们飞临麦田之后，所有麦穗被一扫而光，接着发生大饥荒。对植物生命数字更难以计算：存在原始森林，那里的林下灌木丛非常稠密，以致寻找食物的动物都难以下脚，只得从大树上越过前行。

生命是冒险，生命的历程充满千难万险，无论在海里、在空中，还是在陆地。在海上最小物种随时冒着被贪得无厌大动物吞噬的危险，它们命中注定成为牺牲品。在陆地上，除了这种危险之外，还有大饥荒、大洪水、火山爆发、大瘟疫，都会造成对生命的大屠杀。但所有这些灾难都无法和缺乏空气和水造成的灾难相比：所有生命形态会被突然消灭。然而，动物具有保存生命本能，能够成功自卫避免其他一切危险。因此，它们能够存活并足以延续物种。如果缺少这些不可或缺的因素，任何生物体都不能生存。有人被吓破胆，他们杞人忧天，害怕太阳变冷地球遭殃，彗星坠落大难临头。然而，这些都是遥遥无期的危险，面对可能缺少空气和水的危险，最好先不要考虑。

从地球上生命的悠远起源开始，经过大陆淹没和变化后地球平衡这些剧变，空气和水这两个因素在纯度和性质本质上一直保持不变，即使

---

①　利文斯敦（D.Livingstone, 1813—1873），英国传教士，在非洲南部、中部和东部进行传教活动达 30 年。有不少重大地理发现。

并非具有现在的形态。人们应当保护它们的纯度；但纯度在于什么？海水是许多物质的混合物，其中存在少量的某种盐，大约占万分之七。如此少的盐是无害的，但如果增长到千分之四，任何形态的生命都不能存活。虽说江河不断地把大量碳酸钙倾注到海里，为什么海洋没有充斥这种毒物？

与此相类似，空气里也含有毒气体——二氧化碳，如果它不在其他生物的作用下不断变化的话，也会产生致命后果。当我们知道动植物呼吸时都放出这种有毒气体，每种生物体腐败分解时都用这种气体毒化大气，我们如何能够保障永远拥有适宜呼吸的一定量空气？这种大气只有几千米的厚度，并且比那种致命气体要轻，因此占据较低几层，我们似乎不可避免地受到威胁。然而，我们没有因这种危险而忧心忡忡，甚至我们一点儿都不担心，我们确信上天保佑我们。实际上，在保护其子女时，上天是通过其代理人活动。因此，我们应当感激那些代理人，我们要努力了解它们发挥的作用，从而学会有效履行我们在宇宙规划中的职责。由于那些卑微救世主的自我牺牲（我们没有意识到它们的事业），尤其是那些不断净化我们呼吸的空气，不断净化我们生命需求不可或缺的水的那些救世主，我们令人骄傲的文明，所有进化的奇迹般的成果才能够实现。

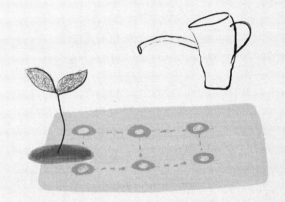

五　海洋的戏剧

创造不是上天的瞬间行为，而是在时间中的持续活动，并且至今没有完成：星期六——休息日还没有来临。从地和水分开那天起，大地上就留下排水后的痕迹，江河把大量石灰质物质带入海洋，如果放任自流，在6000年中足以危害海洋；从而地和水重新沦为混沌的泥潭。但是，业已过去400万年，并没有发生这种情况，那是因为生物体的活动避免了大灾难，当制约无灵魂自然的法则尚未充分显现时，它们竞相提供自己的帮助。

在出现这种危险的时期，形形色色的三叶虫占统治地位，它们由三叶构成，为了能够游泳长有附肢及众多其他附属物，它们不断进化成很复杂的形态，体长达到30厘米。海洋中另一值得骄傲的居民是头足纲动物（名词本义是"足长头上"），其中佼佼者当数鹦鹉螺。它们不断地给自己居所补充更多室并生活在外面最大一室内（这是净化的象征）。鹦鹉螺①的奇异特性使美国诗人霍姆斯②的灵感油然而生，诗人以这种动物为榜样，要求自己：

---

① 鹦鹉螺，壳光滑，卷曲，直径约25厘米，内分36室，最末一室为躯体所居。各室间有一管相连，可调节室中气体量，使壳得以漂浮。以多达94条无吸盘、可伸缩的小触手捕食。常于近海处游动，觅食虾类。

② 霍姆斯（O.W.Holmes, 1809—1894），美国医生、诗人、幽默作家，以《早餐桌上》一系列短文而闻名。写有诗歌《鹦鹉螺》（1858）。

如何教育潜在成人

你要构建更加宏伟的住所，啊，我的灵魂，

而时光在飞快流逝！

把你的过去留给狭窄穹顶。

每座新神庙都比从前的更辉煌，

用更宽敞的圆屋顶为你遮风挡雨，

直至你最终获得自由，

你能抛弃现在无用的贝壳，

在不知疲倦的生命之海。

鹦鹉螺确实非常进化：它拥有脑和神经系统。那时的海洋居民都能保存生命所需的足够的水；它们能吞食毒盐从而能变害为宝，并且利用钙强化骨骼和贝壳。然而，现在形势变得严峻，必须求助于新代理人。

我们可以想象一个天使委员会，根据我们信奉的宗教，主宰自然力量的上帝长子发布招募志愿者的号召，并且要求所有生物体都提供帮助，当海百合纲动物涌现时，呈现出多么神奇壮丽的景象！海底仿佛变成了森林，树木摇曳着五颜六色的树枝（就像空中挥舞的手臂），虽说没有一丝微风。我们可以想象海百合纲动物自我介绍："请看看我们！我们仿佛树木，但我们的树干是石头的，我们纤弱身体就和石头融合得坚如石柱；我们有可以伸展的树枝，就像手臂要抓住你们想摧毁的钙。钙是我们的食物，即使我们死亡也不归还，因为我们已经消耗并改变它。"

还涌现出大量更为卑微的生物（不属于贵族的鹦鹉螺和海百合纲），它们说："我们的形态非常简单，但你们能够指望我们完成任务。"这两个自述得以证实，这些士兵参军入伍，开赴前线，在陆地和海洋的边界线上作战。微不足道的原生动物的饥渴不可遏止，它们大量吞噬海水，其数量之大不可思议，和它们的体形相比，就如同一个人终身不停地每秒喝下 56 升水。它们让海水经过自己身体，吸收其中盐分并在机体内改变它，这样就过滤了海水。它们每个个体可以在 10 天内繁殖 100 万个，从而组成强大的劳动者大军，每个个体在死亡时倒下身躯，作为坚固的钙颗粒去加固海岸。

这些极简单生命形态取代复杂三叶虫的事实和进化的旧观念不大符合；但宇宙整体观至关重要，这些生物体乐于为宇宙规划服务，无须担心自己的进步。骄傲的三叶虫在一定时期内以庞大群体游荡，但很快就消逝得无影无踪，因为它们不再服务。

时光流逝，陆地继续从水中凸现、变干。新大陆形成，新河流在陆地上流淌，把更多的碳酸钙带入海洋。海百合纲动物没有能力高效工作以保持平衡。危机靠招募其他志愿者得以解决。这一次珊瑚虫回答道："我们仿佛石头，但我们活着并生长；我们将紧密团结并继续喝水，永不停息地繁殖和建构。我们可以在海底构筑山脉，并由我们来加固；我们还拥有飞行员，它们运输孢子，并种植到适合殖民化的地方。然而，我们要求适宜生活的条件，远离动荡不定的水域——江河入海口，我们需要带给我们的食物，无须我们自己去找食物。"

自然法庭赞同这些理性的要求，接受奉献……海百合纲动物挥动臂膀以示致敬，因为它们履行自己的职责！这样，珊瑚虫肩负起重要任务——让海水保持所需平衡，并且从此忠于职守，永不变心永不造反。

然而，谁能胜任负责为这些勤勤恳恳"工人"运送食物，而不得不中止自己的工作？要有"人"在那些"工人"四周搅动海水；为干此事，一群长鳍的鱼类游来了，它们生着鱼鳞，并很复杂，它们为自己寻找食物，就要搅动海水——运给珊瑚所需的食物。再晚些时候，没有鱼鳞、体重更轻、游速更快的鱼类涌现了。这类鱼脊骨软（由于没有钙），尾部的双肌、双鳍保证游水速度加快；它们大量繁殖（每个个体能够产下 100 万个卵），弥补体形小、缺少自卫手段的缺陷。至于食物，某些物种以其他物种作为食物，后者为了能够快速逃离被吞噬的危险，就必须搅动海水。它们出世只为让其他物种吞噬，这似乎有些残酷？当然，我们不应当隐瞒这一事实：宇宙规划要求某些牺牲正如人们乐于为自己祖国作出牺牲、献出生命；同样，动物乐于为创造它们的自然肩负重任，即使它们没有意识到在从事崇高的事业。

如果你们问我，我是否赞同进化论，我回答赞同与否并不重要。我们应当关注事实以纠正目前理论的错误，我接受地质学家的进化观，它和生物学家的进化观相比是一种进步，从前后种进化观占据统治地位。地质学为我们提供进化的最好证明，告诉我们在海洋里无脊椎动物之后是脊椎动物，在陆地上两栖冷血动物之后是热血动物和鸟类。在化石中发现的遗迹让我们能够运用想象力重构过去，并揭示出地球的年龄长得难以置信。时间单位变成百万年，2500万年仅仅是世界史的一个片断。天文学和地质学的研究帮助我们理解无限中的永恒：今天它们是最有魅力的学科，儿童能够感受其魅力所在，而且他们确实感受到了。

地质学和生物学对进化的理解方式存在差异：生物学脱离地球考察生命，生命仿佛另一种创造，它在地球上出现为了进化，为了生存、成长以趋于完善。这是一种线性观，可以和平面的陈旧地球观媲美，根据陈旧地球观，一个人沿直线一直走下去，最终要从地球跌落、坠入太空。现在，我们知道地球是个球体，这位想象的旅行者可以放心大胆地走下去，走不到尽头，更不会坠入太空。同样，地质学进化论告诉我们：生命性质更广，生命和地球是一体，和地球一起并凭借地球进化，并对地球的保存和平衡作出贡献。生物学家自己不得不承认犯有某些理论错误，不能解释某些生物体没有进化力量、处于停滞状态的原因，它们没有用以思维的脑，没有用以进食的口，没有用以感觉的神经。譬如，生物学家从进化观点看，认为软体动物是失败的；但现在应当承认它们作为海洋劳动者的价值，它们对保持海洋的洁净作出了贡献。现在，无论是植物生命，还是动物生命，都应当从两方面考察，最重要的方面是它们在宇宙整体中的作用，宇宙整体要求它们作出牺牲：长期处于静态平衡状态，没有任何趋向更加完善的进步。

进化方面涉及满足生命要求：自卫，物种保存，通过变化不断发展趋向完善。另一个更重要方面涉及每一生物体（甚至无生命的自然物）在宇宙整体中的功能，它们通力合作以实现生命的目的。所有生物体都意识到为自身工作，但没有意识到它们生存的实际目的，即使它们应当实现这一目的。如果一个珊瑚虫能够有意识地表达，则会要求生活在平静、温暖的海域，不受海流的搅扰，拥有忠诚的仆人，每时每刻带给它们食物（无须自己寻找）。珊瑚从未懂得自己的生存方式保障了海水洁净，从而帮助几亿海洋生物生存，还构成了新土地，让未来的物种生活其上。同样，即使树木能有意识地表达对太阳和二氧化碳（生命所需营养）的渴望，也不会懂得自然赋予它们本能冲动是为了保障空气纯净，因为地球上所有高级生命形态都离不开空气。吸食花蜜的蜜蜂只知道自己的或修筑蜂房的需求，并不知道花需要被它们发现，以达到繁殖后代的伟大目的。

　　正如所有生物体，人类力求实现两个目的：一个意识到的，一个未意识到的。人类意识到自己精神和身体的需求，也意识到社会和文明对自己的要求。人们坚信为了自身，为了自己家庭，为了自己祖国应当努力奋斗；但这还不够，还应当意识到为整个宇宙承担更大责任，为了自己的环境，为了整个宇宙，应当和他人一起工作。正如《圣经》所说，为了完成创造，"要历经千辛万苦"。只有在整体上才能实现胜利结局，为了整体利益，某些生物体乐于牺牲趋向完善的进步，甘做低等的卑微劳动者，就像静止不动却有益的珊瑚。其他物种由于不知道自己作用的局限，不能适应其他物种对它们要求的条件，就从生命大军中消逝。在生命大军中只有服从者和守纪律者继续前进，并高唱生命的欢乐颂。

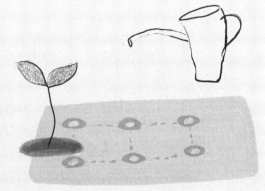

六 地球母亲是如何创造的

　　为使我们对制约宇宙的经济学有所认识，上溯到悠远时代，上溯到地质时代，在生命曙光出现之前将受益匪浅；事实上地球从悠远时代就发生巨大变化和改变。今天，人们偶尔发现在高山顶上岩石内包含的贝壳；从大陆腹地开采的大理石显现由压缩钙质构成，从石头微妙图案里可以寻获生物形态的痕迹。鉴于海洋动物不可能迁徙到远离海洋的腹地，顺理成章的结论是：这些山岭和盆地过去处于海下，在那里这些动物生活并为抬高地面工作。仿佛发生过大洪水，关于大洪水存在众多神话和传说，除《圣经》的传说之外！其实，彩色大理石就是珊瑚，那些仍在继续工作的珊瑚形成岛屿，终有一天形成太平洋内的新大陆。一个新亚洲在形成，一个旧亚洲在逐渐解体。

　　大陆在海洋中消解，海洋后撤为新大陆让位。为了以新形态重构，我们眼前一切都在消耗。谁在更新世界的装饰？谁用沉积物修饰最早的溶洞？在大洞穴中那些沉积物变成钟乳石和石笋，像雪和盐一样洁白的尖塔闪闪发光，在火山区形成五颜六色的神奇凝灰岩。

　　所有这些美景和瑰宝的创造者是水，水将岩石的物质溶解，再把溶解的物质带到地下，最终在泉水里露面，在地面上聚积。水从不偷盗，而归还所收集的一切；总从高压点向低压点流淌，开始填补由蒸馏造成的空白。一滴水接一滴水，所溶矿物缓慢聚积，逐渐形成石柱，类似于从洞顶垂下的冰柱，对着从地面崛起的另一石柱，那是由落在地面水滴留下的钙粒子形成的。很快，山洞充满这些宏伟的石柱，变成一座妙不可言的宫殿。有时，其他矿物把自己的本色——红色、天蓝色、玫瑰色、黄色赋予这座神奇建筑，仿佛面对华丽无比的幕帐或帷幔，令人目不暇接。这种五颜六色的雪花石膏在意大利处处可见，并且得到雕刻家的高度评价。水是伟大的建设者，它在创造，也在改造。它满怀爱意奔向海洋，把礼物带给海洋，使得海水净化，它以最轻形态升上天空，以便以雨的形态重归，并重新开始工作。

水是伟大的溶剂，甚至可以溶解铁。水不仅能这样干，而且应当这样干，因为它受一定规律制约。水具有不可遏制的能量：水总是在运动，渗透到每个孔洞和缝隙，以蒸汽形态飞向高空，从而以雨水形态重返地面。水作为溶剂，其力量强大无比，若二氧化碳相助，力量会倍增；这样，这种毒物也成为自然的工作者和水的朋友（与水合作）。下落的雨水急速地吸收空气中的二氧化碳，从而能使空气净化，具有的能量帮助溶解岩石。它如此勇猛，是位伟大的矿工，渗透到地壳下人不能达到的深处，为了让地下宝藏广为人知，为了实现宇宙规划。水渗透得越深压力越大，水里充斥的二氧化碳就越多，直至一股清泉喷涌而出，把地下漫游时收集的财富储存起来。矿物财富被间歇温泉带到了地面，同样被火山爆发带到地面。

这样，我们可以凭想象看到一个由棕色的坚硬岩石构成的原初地球，没有被青草和树木覆盖的乐土，没有鸟类歌唱和野兽吼叫，瀑布的倾泻声、雷鸣声和石头的崩塌声打破了寂静。深暗色荒芜的地壳逐渐变化，覆盖上热情好客的地层，但在成为生物体居所之前，某些工作者应当预先净化空气，以保证以后生物体呼吸的空气质量。

空气是动物的自然环境，正如水是鱼的自然环境；缺少可以呼吸的空气，其命运比缺少水和食物更可怕。这种不可或缺的空气是一种混合物，氧和氮按一定比例微妙混合，并含有少量二氧化碳。只要增加一点儿二氧化碳，空气就变得不能呼吸，动物就会因窒息死亡。在地球幼年时，空气中充斥着有毒气体，那是从间歇温泉和火山口喷射出的。可供呼吸的空气二氧化碳的比例只占万分之三，如何才能实现这种微妙的平衡，以便让生命在未来世界创造戏剧中充任角色？毫无疑义，此次仍然需要求助于制约宇宙的睿智公设。无生命世界创造业已完成，另一阶段来临，在此阶段自然应当给岩石披上新装，让土地肥沃，为创造生物世界做准备。凭借想象我们听到号召重新回响，那也是命令："啊，植物，请到荒漠；在荒漠生存并改变它，在那儿创造美，并适应你们所处环境，为了接踵而来的动物的需求。请你们占据地球的天涯海角，辛勤地工作吧！"在海洋中业已扎根的植物生命，听到号召就向陆地飞奔并跃上。当然，它们发现没有较好条件，因为以前条件非常理想、符合其生命需求；相反，在陆地上一切都截然不同。然而，它们在各个海岸、湖岸及河岸上已完成飞跃，并开始覆盖地表，将让荒漠绿草茵茵、百花盛开。这些新兵应当按肩负的战斗任务来装备；于是，它们最为崇拜的强大神明——太阳，送给它们神奇的绿色礼物，叶绿素可以吞噬空气中的二氧化碳，并放出氧气。绿色遍布全球，空气得到净化，在适当时刻世界为动物生命做好准备，让动物开始进化高潮，向着完善和尽显其能而奋勇前进。

　　人们计算出：地球上植物的进化大约需要 3 亿年，从海藻、苔藓、地衣，通过蕨类植物，趋向越来越复杂、更强更美的形态。植物愉快地历经艰险，征服了大地，心系天空，用它们苗壮的根抓住土壤以支撑雄伟的主干，主干上长着交织的枝条和繁茂的绿叶，那些绿叶向着太阳张开无数嘴巴探寻二氧化碳。这样，植物生存着并趋向完善成长着，并履行宇宙赋予的职责；以后它们死亡完成另一重任，因为死亡的植物变成地球取之不尽的资源——煤炭。当代人若没有那些为他们贮存的煤炭，还能有何作为？

　　植物生命统治地球时期特别长。当时唯一的动物是昆虫，它们在地上爬行和飞翔，某些昆虫体形很大。地面上满是热泥潭，尚不存在四季交替，因为地轴尚未倾斜，就像现在处于环绕太阳的运行轨道。在某些地区地面缓慢下沉，正如今天仍发生那样；以前干燥的密林变成沼泽，河水在树根间穿行使水流受阻，沿着河岸用碎石构建堡垒，直至沉积物覆盖枯老的树根并抬高地面，从而分出地层。在一些地方发现成百上千被埋葬的森林，它们层层相叠，以证明下沉时期持续多久。被埋葬的植物发酵，放出气体，并且变成泥炭，正如在爱尔兰及荷兰的泥炭沼那样。泥炭承受巨大压力变成褐煤，其后变成无烟煤，最终变成煤炭，注定为我们的工业文明提供动力。在美国的一个煤田的煤层厚度高达12米，面积高达300平方千米！所有这些宝贵煤炭是在石灰纪年代形成的，由于森林覆盖地区下沉。在北极地区，如阿拉斯加和西伯利亚，有大面积的煤田；因此，那里有过广阔无垠的森林和热带的气候。

地球实验室的另一卑微工作者是铁细菌，它们用从地层深处溶解于水的铁构筑其贝壳，在死亡时把其残骸留在腐烂植物中。只要存在静止不动的水和发酵现象，就会发现棕色线条，这表明铁锈微生物仍在工作，就像悠远时代在煤炭沉积物旁边形成的铁沉积物一样：这是现代工业的真正运气！这些细菌还生产一种含油物质，现在给予我们石油。

毋庸赘言，我们的财富和我们的现代效率归功于那些植物和动物，无论是生活在海洋里还是陆地上，无论是活着还是死去，它们为我们积累财富并创造条件，为了让我们能够生存、呼吸和工作，继续执行神圣命令："你们让大地硕果累累，让大地万物繁衍，让大地一片繁荣！"

一个时代终结了，在我们回顾地球史时，最后一章是植物殖民者对地球的入侵。大自然引导植物在冒险，以便让它们作出惊人努力、大获全胜，并最终被埋葬于地下被炭化。我们可以得出如下结论：大自然在执行宇宙规划时残酷无情？根本不是！由于要按万物一般经济学来完成本质任务，大自然赋予这一任务一种满意形式——愿望不能被抨击，从而把它变成一种快乐而不是痛苦的牺牲。只有生命可以说："真正的自由在于为我服务！"作为宇宙表现的工作，是生命所需和快乐；逃避工作意味着生物灭绝。这是因先祖不服从命令犯下原罪而留给我们的命运。

七　最初的大战

　　地球经历成千上万年的和平及渐进的变化，凭借不同"工作者"的作用，地面和海洋保持持续的平衡，这期间地球变得富饶，为未来世代贮存矿物资源。这之后，关键时刻来临，我们可以想象地球此时失去耐心并奋起造反。它再也不能忍受被洪水覆盖，决心准备自卫抗拒敌人。沿着海岸，火山吐火并喷出大量熔岩，在亚洲、北欧和非洲形成山脉屏障，在南北美洲形成落基山脉和安第斯山脉。这是一场真正的异乎寻常的大战，在澳大利亚、在印度和菲律宾爆发：大地崛起巨大屏障，水再也不能漫过，这样，部分海水被隔离变成湖泊，其后湖水蒸发留下沙漠。人们认为在那个时代太阳的热量减弱，或地球未能按以前规模接受热量，因为到处是严寒和冰的世界，只在赤道地区气候保持炎热。此时，贮存大量的盐，甚至在山峰上，那里形成闪闪发光的小尖塔，这是巨人之间大战的结果之一。

　　谁知道我们凭想象重构的这个大冲突地区是否被盐分过多的海水吞没？在那个时代这种海水威胁海洋生命。当然，在原始时代显现降低海水盐分的紧迫必要性；这一任务不可能被那些形成氯化钠贝壳的生物完成，只有碳酸钙过多才行。因此，海水应当被陆地所俘获，恰恰仿佛宇宙厨师靠加水去掉汤中过多的盐。这位厨师用这种方法改变汤（混合物）的味道，肯定没有扔掉原汤；海水与此类似，被分割出许多大盐湖，放置一旁，准备以后被利用。水蒸发升空化为云，其后降雨重返地面，通过江河流入大海；大量盐储存在盐湖，以便人们在适当时机使用。

根据统计数字，人类每年使用几千万吨盐。他们从远古时代就开始消费盐，因此需要巨量储备。存在百米深的盐矿，那里结晶盐形成美丽"宫殿"，宽阔穹顶由柱子支撑，那柱子如钻石般晶莹，山洞深处湖面上映射出其光辉。在奥地利和巴伐利亚之间、靠近贝希特斯加登有一个盐矿，它被开采已有 1200 年，现在仍然没有枯竭的危险，因为一整个盐山山脉在地下 1500 米深处拔地而起。西西里的一个盐矿长宽各达数千米，波兰的一个盐矿深达 300 米。在小亚细亚、罗马尼亚、波斯和印度也有蕴藏盐的山脉，在南美洲有一整条山脉，山峰呈锥状或金字塔形，在阳光照耀下闪闪发光，宛如钻石。在西藏和兴都库什山脉，正如在阿比西尼亚，存在巨大的"盐库"，说明在那些高原上有过内海（海水已蒸发）；在岩石中发现海洋动物化石证实了这一点。

在地球发怒时刻这些强大的堡垒从地下崛起；但仍然平静地继续平衡活动，补偿因侵蚀和下沉而丧失的土地，把海水从盐分过多中解放出来。在沿红海海岸的诸多咸水湖中这一过程十分明显，在三角洲各条河流受到凸起障碍的阻挡，不得不寻找新入海口；在密西西比河的泻湖，在美国的敖德萨，同样如此。如果直布罗陀海峡不是这样深，那么地中海就会是个泻湖。美国的大盐湖里只能生存若干种甲壳纲动物，而死海是正在蒸发的内陆湖的另一著名典型，海水盐分极大，生物根本不能存活。

巨大冲突就这样深深改变地球的面貌，让部分海水和海洋隔断成湖泊，从而终结了古生代年代；接踵而来的年代被地质学家称作中生代，长达 1.5 亿年。起初爬虫占统治地位，爬虫源于两栖动物，两栖动物既能在水中也能在陆上生活，并能在水中产卵，就像今天的青蛙那样。在中生代初期——三叠纪，大爬行动物空前繁荣，尤其是某种蟾蜍把其足印留在河口沙子上；那些足印被沉积物填满，在化石上留下痕迹，从而我们今天可以在化石上发现它们。这种两栖动物既庞大又笨拙，它们的短足当桨使用，而不是当拖动矮胖身躯的肢使用。经过争取进化和完善的巨大努力之后，某些两栖动物终于能够行走；其足有三趾，从而从一开始往往和鸟类的足迹相混，直至发现其骨骼才区分开。某些两栖动物感受到深入陆地的冲动时，它们不是迈脚而是靠屈体位移，这样终于具有爬虫的形态；某些两栖动物背上长出翅膀，起初可能为了帮助行走。爬虫的牙齿适宜压碎而不是咀嚼食物（现在的爬虫在吞噬食物前先压扁），这和其他动物截然不同。所有这些三叠纪动物的食量很大，它们以结实树叶和坚硬果实（如松果）为食物，因此需要非常坚固、锋利的牙齿。它们还用有机排泄物改良了土壤，使得土壤适合更高级植物类型生长。

在中生代的下一年代——侏罗纪，我们发现蜥蜴目爬虫，类似于怪异的蜥蜴。它们非常笨重，需要靠水帮助站立，从而在沼泽中度过大半生。它们都长着小脑袋，身躯却巨大无比，智力低下，行动迟缓，要不断地沉思默想。在恐龙之后，出现某些小些的蜥蜴目，它们变成食肉动物，鉴于肉食来源丰富。它们行动更迅速，用后腿走路，能够迈出长达6米的步伐，还能够跳到猎物身上。它们异常凶恶，长着20厘米长的牙齿。某些蜥蜴进化到可以飞翔，其模样颇像童话中的飞龙：翼手龙的翅膀张开可达6米至8米。翅膀由一个皮膜构成，靠一个臂和一个指支撑，而其他指构成抓猎物的爪，有点儿像今天的蝙蝠。某些类型的爬虫最终厌烦在陆地上生活，重新返回海洋，比如鱼龙，其名称意味着"半龙半鱼"。

现在进化能够加快速度，舞台业已准备好，迎接更高生命形态上台。

八　白垩纪年代

　　中生代最后一个年代，名称源于陶土沉积物和有孔目动物留下的石膏，大量有孔目动物生活在海洋中。它们的圆盘形贝壳是由 12 块环形物构成的，在更晚时代罗马人当货币使用过。在这一时期出现放射虫目动物、马尾蛤和菊石，它们生有触角并且能够缩回到自己的贝壳内。

　　在陆地生活的植物不断进化，出现扇形树叶的精致树木，爬虫武装起来，在脊背上和两侧长出骨片，有的还长着刺状物。有一种爬虫甚至长着角，两只角长在眼睛两侧，另两只角长在鼻子两侧，构成一个环状物。总之，每种爬虫都从大自然接受武器，用以防御其邻近的食肉动物。然而，任何保护措施都不能避免因中生代终结而被灭绝的命运，当它们不得不给更弱小的动物让位时，这一事实证明"适者生存"不是自然的基本法则。它们消逝的直接原因仿佛是如下事实：对后代漠不关心，产下少量卵并且不闻不问，从而那些卵成为更聪明动物的美餐。它们没有自卫能力的幼崽很容易沦为猎物，因为它们的父母不在身边。因此，这些愚蠢、懒惰的丑八怪不再有任何用处，只能沦为土壤的肥料。

　　生物学发现是精彩的授课内容，在进化中爬虫的继任者是鸟类和哺乳动物，继任者身体弱小，但母性本能强大，一直到死都善于保护自己的子女。如果进化只意味着体形的增大，那么娇嫩的小鸟怎么能替代凶恶魔鬼，并继承了其王国？保护后代的本能（正如哺乳动物所表现的那样）是进化中进步的真正标志，这比牙齿逐渐消逝或长出羽毛更有意义。大自然业已进化，改变动物行为的弱点，即赋予动物被称作爱的新能量。业已证明爱是一股强大力量，能让鸟忘却恐惧，把自身安全置之度外。意义深远的事实是，这股力量和热血结伴而行。事实上，哺乳动物和鸟类有力地表现出爱这一神圣天赋，我们在爱中发现生存的秘密。

穿山甲和乌龟是今天仍在装备装甲的爬虫；乌龟保留在沙中产卵的习惯，并把卵留给鸟类和其他动物做美餐。请将乌龟和鸟类的行为进行比较，鸟类选择隐蔽的远处筑巢，时刻警惕不被发现，并往往冒自己牺牲的危险诱使敌人追踪而远离鸟巢。请你们认真观察：所有鸟类父母都热切地耐心地教自己的子女飞翔，完全忘却了自我！

法国著名博物学家法布尔在其著作《动物的爱》和《昆虫记》中提出这种新理论。下面是一位富有诗意的科学家从"鸟巢"一词获取灵感，以及与之相连的温情观念："哺乳动物更爱自己的孩子，它们让子女在自己身体里发育以加以保护，在子女出生后用由血变成的乳喂养，在子女具有自卫能力之前一直关爱，作出巨大牺牲。"鸟类和哺乳动物是热血动物，和爬虫类动物截然不同，后者没有情感。

在地球上出现的最早哺乳动物体形极小，几乎微不足道，但它们注定成为地球进化下一时期的统治者。它们的体形迅速增大，在今天存活的物种中可见其体形。在化石中发现的始祖马体小如狐，前足四趾，后足三趾，它们生活在密林中，以细嫩树叶为食。再晚些时候，它们学会用足尖站立以跑得更快，而后腿膝盖开始向后弯曲而不是向前弯曲，与此同时只使用中趾（后变为蹄），不再使用其他趾，其他趾趋于消逝、后变成包蹄，像今天的马和驴那样。

始祖象也很矮小，有点儿像长着长鼻子的猪。它在长出大象鼻之前有 36 颗牙，其中两颗特长；其后，10 颗牙突然偏向，鼻子越变越长直至长成长鼻子。在那个时期它们具有小哺乳动物的体形，总之是真正的矮小古象！

发现最早的骆驼具有兔子般的体形，但似乎很快就达到绵羊的体形。其脖子疯长，像长颈鹿的脖子那样，以致一开始其化石被称作骆驼型长颈鹿。因为骆驼以树叶为食，为了吃到高处的树叶，必须伸长脖子。更晚些时候，骆驼习惯于在沙漠中生活，在它们的背上长出驼峰，在驼峰里贮存食物养分和水。

就是犀牛起初体形也很小，很苗条，长着又长又细的腿，擅长奔跑并且速度快。它们的毛既硬又密，以保护皮不受苍蝇侵扰。雌袋鼠腹部长一个育儿袋，幼崽在袋里生长，在澳大利亚的雌袋鼠仍然这样做。剑齿虎是凶猛的哺乳动物，但大部分情况下以植物为食。在寒带生活着一种巨型哺乳动物，人们在冰层中发现其尸体，其肉仍然鲜美，狼和狗大口吞噬。

我们今天认识的动物形态源于这些哺乳动物，那些呈现人面貌的动物形态出现在从公元前 58000 年开始的新生代第三纪。但科学家对完全把人纳入动物生命形态迟疑不决；因为如下事实：没有发现任何直接联系，在和人最相像的大猩猩之前的时代没有发现人的踪迹。

现在，地球准备接受需求更大、更精致的生物，因为地面富有有机物以供给营养，覆盖大地的青草提供必不可缺的牧场。新树种得以扩展，它们是通过种子而不是孢子进行传播，花卉开始出现，很适合布置美化新家园。在植物的进化中，地衣、苔藓和蕨类植物给开花结果的植物让位标志实现决定性飞跃。在授粉上，这些植物接受飞翔昆虫的帮助，它们用花的色彩和芳香吸引飞翔昆虫，而风这位朋友把香气带到远方。它们具有无限多样性，因为它们了解形形色色的趣味，每种花都有自己独特的昆虫朋友。植物准备花蜜，昆虫因接到节日邀请变得漂亮，蜜蜂给自己的紧身衣添加毛皮和丝绒，蝴蝶翅膀五颜六色令人赏心悦目。植物和动物之间的合作变得十分完美。花的种子授粉，当蜜蜂去欣赏花的美并要为自己储备蜡、蜜时，它们多毛的身体运输花粉，就给花的种子授粉。这样，二者的需求都得到满足，并且完成自然界深奥的目标。

地球四处气候普遍温和，木兰和爱神木生长在现在的北极地区。地

如何教育潜在成人

球确实变得漂亮，那些丑陋、愚笨的怪兽再也不适应地球。其中一些物种竭力减肥变"苗条"，腿变短，终于存活下来，尤其是拥有变成蛇的睿智的物种。那些特别怠惰、不努力适应环境的物种注定灭绝。蛇是飞蜥属的直系后裔，在人类出现之前没有毒。随着时光的流逝，它们的颌骨具有双关节，使得它们能够吞噬体形比它们大的动物，它们总享有狡猾，甚至睿智的声名。

九　地球的新艰难

期待中的温和地球是个好征兆。它的心脏因创造的快乐而加快跳动，它心潮澎湃，任凭激动的泪水流淌，形成新江河。它的脾气和过去截然不同，在二叠纪时期曾向肆恣的洪水宣战。现在，地球变得温和平静，因人类即将来临而内心激动，人类注定成为它的主宰，为此它给人类准备好丰盛的礼物。温情和爱意在世界各地永不停歇地流转，地球在地下为人类准备好各种金属矿藏，并带至地表并贮存那里。有一种类似于盐的闪闪发光物质，但它不可溶解，它是钻石；再晚些时候它会受到人类的高度赞赏。这些矿藏的开采很大一部分在印度，那里显现出地球激动的深刻程度。如果今天印度不是世界上最富的国家，因为其子女没有让这些财富流通；如果他们不这样做，那么不畏艰辛者和深思熟虑者将取而代之。熔岩在变冷时不仅结晶成钻石形态，而且结晶成祖母绿、蓝宝石和其他宝石。琥珀是树脂的化石，在琥珀里昆虫沦为囚徒并被石化，再晚些时候希腊人特别欣赏琥珀，把它称作"électron"[1]，把魔力赋予琥珀，它可以避邪——不受恶毒目光伤害。人类发现许多宝藏，还有宝藏被尚未认识的力量、被大自然深藏地下，但离地表不远，以便让人类以后能够发现并开采。恰恰由于一个男孩好奇，人们才发现金伯利有钻石，并开始开采利用南非的矿藏。或许有一天钻石开采量巨大，从而

---

① 希腊文，含义是像太阳一样光辉灿烂。

如何教育潜在成人

它不再珍贵？

地球在激动中让地壳起皱，形成许多山脉，让新内海囚禁在山脉之中；气温变得更多样，山谷炎热并安全，冰雪覆盖着山峰，冰川缓慢移动扩展到平原。冰层被覆盖着地表，摧毁山峰并把它们碾成齑粉。冰斗篷甚至披在大山脉上，用冰层覆盖欧洲、美洲和印度北部，那冰层厚达1千米至3千米。地球对人类的态度确实冷酷，人类没有任何皮大衣，却要面对成千上万年的冰川期！然而，人类可以在更热的山谷里避难，同时冰川为将来劳动准备土地，因为它让岩石粉末化，留下肥沃的土壤。此时，地球愉快地迎接自己的子女，但让他们劳动，而不是过安逸生活，从而避免日益衰弱！

虽然我们准备大量图表，以便让学童形成关于自然的和生命进步节奏的观念，但蒙台梭利学校并不要求学童学习概念或数据，学童对进化图景和进化不断加速图景感兴趣足矣。首先，应当在学童的脑海里播下兴趣的种子，如果教师备有这样的种子，那么就很容易播下。当他们想知道更多知识时，教师应当做好准备，满意地回答学童的各种问题。当学童喜欢学习时，教师应当在数张空桌上分类整理备好的图表，只介绍不同时期；这样，帮助他们理解，把困难分开，一次只介绍一件事，避免知识混乱。学童不可能对一堆杂乱无章的数据感兴趣，并学习记忆和按确定顺序背诵。然而，某些现代教育者反对这种方法，只要学童喜欢，就给予他们学习自由，没有为他们提供任何初级准备，以激活他们的兴趣。这等于设计一座房子，而没有考虑到地基。今天在政治上就发生这种现象，在政治上给予公民言论自由和选举自由，却没有准备对公民进行教育，即给予公民表达思想的权利，而公民却没有思想要表达，也不具有任何思维能力！儿童就像社会一样，首先需要帮助发展其思维能力，其中最重要的是兴趣，因为只有发生兴趣，才能够合乎自然地自由成长。我希望给予盲人视力，旨在让他们独自看见，或许他们比我看到的东西还多。同样，母爱帮助自己的孩子独自走路，即便这样能让孩子从母亲身边跑开。

进步在于在短时间内取得确定成果。当儿童应当用更多图形填补图表空白时，他们理解了。他们自言自语道，和地球发生的一切相比，人类的过去多么短暂，但人类做了多少工作！儿童可以围绕这点，正如围绕令他们感兴趣的其他各点自由地构建，因为教具从不同观点向他们介绍相同事实。应当让记忆痕迹开始工作，应当给他们时间，以便让他们能充分认识。某些孩子可能一点儿不感兴趣，其他孩子可能需要或多或少的时间来吸收渴望的知识。一件事情清楚地证实我们的经验：儿童对那些业已了解的事实兴趣不大，因此很容易引导他们对人类成就史感兴趣，因为他们也想建功立业。

十　最初的人类

　　某些新事物伴随人类进入世界，那是和此前任何其他动物截然不同的精神生命力。人类从一开始就使用工具，这是其他任何动物从未做到的，虽然某些动物能够抓住并举起东西。我们发现最早踪迹的人被称作旧石器时代人，即制作石头工具的人。虽然我们只发现极少遗迹，但他们的存在确凿无疑，后人发现他们使用的工具——削尖并磨光的燧石。意义深远的是，人类把自己双手制作的东西留下来，这是他们创造性智慧的痕迹，而不是他们身体的遗骸（和其他低级动物遗骸混杂）。其实，这种智慧是宇宙新能量的基本特征。从那些最原始类型工具很快过渡到精心制作的武器和工具，甚至开始尝试装饰，并在岩壁上刻画最初形象。

　　旧石器时代分为早期（或基本砾石时期）和晚期（或工艺石器时期），在晚期人类存在的遗迹分布更广更多。旧石器时代早期还以舍利时代著称，人种志学者得出结论：在那个阶段，至少存在 20 种文明类型，即使高级文明类型居统治地位。它们作为悠远过去的证据存留下来，留下的还有地质学家和考古学家发现的痕迹，还有在最近 5000 年书写的文献传给我们的传说，能让我们如同在一部影片中了解人类生活的发展。

　　在最初文明之后，相继的所有文明在更大的新需求驱动下加快前步伐。主要目标不是让生活更舒适、个体更幸福，而是在每个相继阶段

如何教育潜在成人

环境要求人类作出更大成就；因此人类必须和环境一起进化，并为环境服务。即使在一种更发达文明中，墨守成规、无所作为总会导致停滞和死亡。

人类相对而言力量不大，他们身体裸露、赤手空拳，和其他许多哺乳动物相比处于不利地位；但他们智慧超群弥补力量不足，因为他们注定要完成创造事业，比任何其他进化的生命形态都高。人类的新武器是智慧。

请你们观察，人类在长着利爪和能撕碎人类的剑齿的猛兽中间活动，他们手无寸铁，面对着高山大川，妨碍他们建功立业，迫使他们羡慕在空中展翅翱翔的鸟类，在水中游弋的鱼类。由于天性，人类既不能在空中飞翔，也不能在水中游弋；既不能撕碎进犯的敌人，也不能飞快地逃离敌人攻击。然而，事实证明，人类的新武器胜过其他武器，随着时间流逝，人类不是凭借自己双臂和双腿的力量，而是凭借发达的大脑，尤其是想象力，在各个领域取得成功。人类是自然在地球上的创造者，他们来到世上，不仅仅做地球的主宰和享用地球，像个傻瓜那样傲慢和自吹自擂。对自己和自己种族的优越引以为荣的人们不可能长期这样，他们注定衰败，正如历史充分证明的那样，他们身后是死亡和破坏。谦卑者真正伟大！然而，我们可以合理地自豪并快乐：人类在几百年内改造了世界，克服自然物的限制。人类来到世上，发现条件比任何一位鲁宾逊想象的都差，于是创造了文明。

存在三个冰川期，彼此之间有间歇；第一个和第二个冰川期持续时间很长，并且向南推进得更远。在人类出现前并不久，形成了喜马拉雅山脉和阿尔卑斯山脉，由于大面积陆地沉降而生成太平洋。过去相连的地区现在分离；在很长时间内英国和爱尔兰被"放在冰箱里"，而撒哈拉是个富饶而美丽的地区。

在第三冰川期陆地重新覆盖上冰层，但很少向南推进。在阿尔卑斯山脉和高加索山脉之间是一个气候温和的走廊，在这个走廊里生活着人类。大约在公元前18000年冰川消融，大量水流向海洋，造成另一次大洪水，这可能是《圣经》所说的那次大洪水。

陆地此起彼落，在陆地上升时，意大利、西班牙和希腊具有现在的形态，而大洋向内陆移动，使从前的一条河变成地中海。另一条河变成了红海，在其西部也发生许多变化。最终，地球再一次平静，并能够变得更美好。

在这些剧变时代，人类生活在辽阔的冰川之间，一般生活在森林里和河岸上，身旁是庞大的猛犸、凶猛的剑齿虎、驼鹿和马鹿，除小马外，还有一种水牛和巨大的海狸。普通的狮子或老虎尚不存在，但在阿舍利文化①时期（紧随阿布维利时代②之后），出现了体形小的古象。那时还出现了麝香牛、印度羚和绵羊。这些最初的人类身材高大，但不显得多么睿智，虽然会使用简陋、粗糙的工具。在公元前五万年后，出现一个身材较矮但聪明的种族，他们会使用用石片巧妙制成的石刀。他们以浆果、块根、蛞蝓、鸟蛋和青蛙为食；事实上，他们是杂食的。他们的葬礼奇特，并且崇拜死者。克罗马努人③和美洲印第安人很相近。在第三冰川期人类和动物在山洞内生活，洞穴里的大熊是危险的邻居。其后，随着冰川消融，人类和动物都奔向森林；人类变成了猎人。艺术开始出现，在岩石上雕刻出马和其他动物的头。与此同时，人类开始用项链及其他饰品、武器及日常用具随葬死者；死者往往采用坐姿，胳膊肘支在膝盖上，手托下巴。

游牧民族到达了北非，还随身带着狮子；还到达西亚，带去大量马匹；在马格德林时期④ 人类不再是原始的，他们不用石头，而用骨头和

---

① 阿舍利文化，欧洲旧石器时代初期继阿布维利文化之后的一种文化。最初发现于法国北部的圣阿舍利，故名。延续的时间很长。共生动物有古象、赤鹿和两种犀牛。典型遗物手斧直接导源于阿布维利文化，但打制技术较进步。

② 阿布维利文化，欧洲旧石器时代初期较早阶段的文化。最初发现于法国北部的阿布维利城，故名。过去曾被称作舍利文化。后来知道舍利遗址的遗物并不属于这个文化，所以改称此名。典型遗物是一种打制的粗陋手斧，长10—20厘米。共生的动物群有古象、梅氏犀、河马和剑齿虎等。

③ 旧石器时代新人的总称。

④ 马格德林时期，指欧洲西南部旧石器时代晚期。

兽角制作工具，他们用骨针缝衣，用鱼叉和标枪捕鱼。那些鱼叉还被迷信者视为护身符。颇为奇怪的是，在西班牙一个靠近比利牛斯山脉的地方发现了鱼叉，那里根本没有水面，不可能让人联想到使用鱼叉。人们得出结论：那里曾有重要国家，因此已经存在奢侈品和艺术品贸易，正如那些鱼叉；事实上，业已出现非常精美的艺术品，尤其是埃及制作的。正如通常以物易物的是无用的物品，它们满足人们精神和审美的需求，而不是物质的需求。有时人们为了拥有它们，不惜冒生命危险。

智人出现了。现在，伴随大洪水（或其后的另一次大洪水）的动荡已经平息，他们能够种植肥沃、富饶的土地，可以驯化动物为人使用并养狗看家。他们了解所有技艺，穿上兽皮衣或用山羊毛织物制成的衣服，使用武器，除用刀外，还用弓和箭，佩戴玉石、黄金和青铜制成的装饰品，拥有精美的餐具。总之，这是进步的文明，从此刻开始，人类能够分为两类——放牧者和种植者，彼此对立长达成百上千年。

十一 游牧者
反对定居者

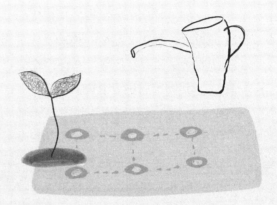

　　人类为了防御比自己强大的猛兽，从一开始就成为猎人；再晚些时候尝试杀死动物以获取食物，逐渐他们的口味变成食肉，并对自己的技巧有了信心。一段时间以后，他们学会驯化动物，让家畜家禽为自己的需要服务。他们不是通过制服成功的，正如人们通常认为那样，而是捕获动物并把动物囚禁起来。被囚禁的动物终于适应在人类提供的条件下产崽，自然而然地变成家畜家禽。相反某些动物，比如印度羚和斑马从未适应。在埃及，人们把狮子、鬣狗和豹囚禁起来是很普通的事。可能从一开始驯化动物是用于宗教目的，而不是用于家庭目的。动物因其角美丽被选中祭奠神明，一开始祭司才能饮用动物奶，更晚些时候其他人才能饮用。现在，乳牛在印度仍是神物，在所有宗教中都存在动物崇拜的痕迹。在总共10万种野生动物中，被人类驯化的大约有50种。

　　人类存在两种对立的本能：一种本能驱使他们去流浪，另一种本能驱使他们在某处定居。第一种本能很快就显现出来：事实上，人们的家畜繁殖成群，必须抛弃过度使用的牧场，不断地迁徙以找到新牧场。然而，很快定居民族就同游牧者发生冲突。长期居住一地的人们，改造了那里的环境，他们热爱故土并留在故土，在土地上耕作并收获，他们形成一个共同体。这些定居者通常居住在河口地区或水源充沛、富饶的土地上。

如何教育潜在成人

定居者辛勤劳作，游牧者却来抢夺其劳动果实，后者通常凭借武力。这似乎就是历史进程，从最悠远时代起；虽然显得不公正，却利于文明发展，利于产品的交换和文化的融合。人们联合并勉强组织起来，因为每个集团都在扩展，并且带着偏见和不宽容态度有意识地排斥其他集团。共同语言通常让集团凝聚，语言伴随文明的进步变得越来越复杂；一种特殊宗教制度从共同传统和习俗中诞生，尤其涉及对死者尸体的处置。每个共同体在进餐和着装方式上通常有自己的禁忌，反对其他共同体的习俗。祭司反对任何改革，反对排外主义松懈倾向。在肥沃的江河流域和三角洲，艺术和文学、各种产业、音乐和满足精神需求的各种手段空前繁荣，但个体变得懒惰和自私，日益企图付出最小努力获取最大利益。游牧民族常常到这些共同体参观，有时作为不同文明中心之间的商人在活动，羡慕这里共同体所处条件，虽然认为自己文明低下，却意识到自己相当强大令人敬畏。

不仅应当从外在结果，而且应当从道德价值来判断一种文明。外在地看，游牧民族不如定居民族那样进化，通常被鄙视为蛮族，但具有某些品质，正是由于这些品质，他们比讥笑他们的人更进步。他们的生活方式要求严格纪律性、秩序和勇敢，忍受酷热、严寒和饥渴的能力，对自己部落忠诚和对首领崇拜。这些品质保证他们很容易战胜衰败共同体，并不可避免地促进各种族、各部落文化的融合，促使人类所有财富不断流通。文明产物很快让蛮族征服者折服，他们反过来采用定居者的习俗，并变得温文尔雅。这样，构成（比过去）进步的一切成果从来不会丧失。

除原始部落外，今天的农民不再武装起来反抗劫掠者和不受欢迎的外族人。然而，国家仍然武装起来捍卫其边界，并且自认为只对本国民众负有责任；根本不了解全人类的团结，或者刚刚开始违心地承认这种团结。因此，迄今为了实现融合仍需要暴力：战争、征服、迁徙、人口过剩引起的殖民化、贸易、开采矿产资源；仅仅由于爱冒险和好奇使某些人成为不知疲倦的探索者，他们不畏艰险，准备向任何障碍挑战。停滞不前总意味着死亡；为此，各个民族不会长期停滞不前，从某种意上看，不仅对征服者，而且对被征服者而言，征服都意味着充实自身。

如果人与人之间的团结（在自然界确实存在）最终实现，只有通过教育，讲授要高度评价人与人合作的所有成果，要心甘情愿地抛弃对普通劳动的任何偏见，以履行宇宙规划，其后也是上天的意愿，这种意愿在天下万物中具体地表现出来。人们大谈特谈世界组织，但大部分是空谈；使用词语"机体"或许更正确。当人们承认世界是活机体时，其生命功能能够更自由地发展，世界能够自觉地继承其遗产。迄今"在痛苦和艰辛中前行的天下万物"终将等到这一天来临。

宗教和语言把人类分开，而艺术、科学和工业产品把人类结合起来。哪里存在根深蒂固的信仰，哪里就很难改变；一种语言很难转变，因为它已经融入说此种语言者的血液之中。一个确定集团的各个个体，凭借共同语言最终彼此和谐。似乎没有出路：鉴于各地语言生机勃勃并受到竭力保护，此时各种宗教没有显现出融合的意愿；相反，谨慎者认为坚定培育无神论更加危险。

对所有这些矛盾的回答在于适当的教育：任何其他政治的或社会的手段不能获得任何成果。为了唤醒精神，需要某些神圣和深刻的东西，对文明世界的新后代应当灌输为人类神圣事业奋斗的情感和热忱。于是，不需要教授宗教——现实中不能实现的东西，内在地和外在地对真理的敬畏，将会自然而然地自由地发展。通过人类目的更好地相互理解，由不同语言设置的障碍，在经济力量的冲击下，将会最终坍塌。

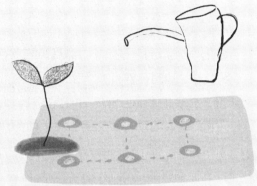

十二 创造与发现的人类

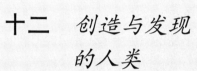

　　若能用想象力重构文明星球及其居民的历史的话，应当提及天才人物的发现才行。但这些发现不是缺乏任何帮助的纯粹智慧的成果，而是得到组织科学支持的智慧的产物。今天的文明人高于自然人，因为他们拥有比自然提供的强大无比的工具。他们使用望远镜和显微镜，扩展了自己的视力，他们把数学家、物理学家、化学家的研究成果积少成多，凭借人类智慧的神奇力量探索自然的奥秘。这样，人类显现出其全部伟大之处，他们高于其他所有动物和植物，他们是创造者和改造者，是环绕自己的整个地球和宇宙的探险者，甚至能够在时间上上溯，探究早就不再存在的东西。

　　一切成为我们兴趣和研究的对象，把我们和千千万万辛勤工作的人们联系起来，他们往往忍饥挨饿，为了清除阻碍理解对象的障碍，为了传播给我们关于对象的知识，从而我们无须克服那些障碍。每一事物是人类精神的产物，在教育中我们将这些成果融入我们的血液，这些成果是人类传递给我们的精神财富。因此，我们的责任是赞赏（并让儿童赞赏）所有认识和不认识的先驱者，他们的胸中燃烧着照亮人类之路的火炬。

　　大部分人对新事物表示怀疑、不感兴趣；甚至学者在思想领域也蹒跚前行，用敌视态度对待威胁现有确定性的新观念。人们在精神上和肉体上都变得怠惰，只想享受生活。因此，我们更应当赞赏被内在力量推动辛勤工作的人们，他们甚至让自己的健康、幸福和生命本身处于危险境地。

两千多年前的希腊人，在艺术和文学上已经取得辉煌成就，在那个时代他们是非常文明的。一位希腊人、诗人，认为不能接受关于希腊之外的蛮族的所有传闻都真实的观点，譬如关于北部地区居民一年睡6个月的传闻，或者关于南部居民全是秃头的描述。于是，他决定去旅行，去亲自验证这些传闻的真实性。他的朋友们提醒他注意可能遇到的危险：吃人的巨人、女巫、陌生的海洋、所有自然界的陷阱。然而，他未被说服，他决心旅行，因为他的生活有一个目标。他乘一只小船出发，靠双桨和风帆缓慢航行，他的朋友们认为再也见不到他了。但是，17年后他重返故乡，乡亲围拢在他身旁热切地问这问那。他是否看见额头中间长着独眼的巨人，或者连续睡6个月的蛮族？这位诗人回答说没有看见这些东西，而是看见更为神奇的东西，在他所到国家的居民和他长得差不多，他们进食、着装和睡觉的方式和他大同小异；他看见了巴比伦，那是座奇妙的城市，那里多是三层楼房和空中花园，妇女散发芬芳，哲人头脑睿智。他看见了波斯，那里只崇拜一神而不是多神，他们街头相遇就亲吻，教儿童读书、射箭和总说真话。

这位旅行家叫希罗多德，[①] 为了让他的朋友们详细了解，他在一本书中对这些和许多其他趣闻做了描述。现在，他被称作"历史之父"，因为他开了历史著作的先河。

亚历山大大帝[②] 是另一类希腊人，他也是一位大旅行家。他在埃及

[①] 希罗多德（Erodoto，约公元前484—约前425），古希腊历史学家，西方史学称其为"历史之父"。游历埃及、巴比伦、黑海北岸等地，并长期寄居雅典和条利城（在南意大利）。有名著《历史》（九卷）传世。

[②] 亚历山大大帝（Alessandro il Grande，公元前356—前323），马其顿国王，腓力二世之子，亚里士多德弟子。他大举东征，公元前334年率军进入小亚细亚，败波斯王大流士三世于伊苏城（公元前334年）。南进叙利亚，攻占腓尼基，转入埃及（公元前332年），在尼罗河三角洲建亚历山大城……在东起印度河西至尼罗河与巴尔干半岛的领域内，建立了亚历山大帝国。"东征"所经造成很大破坏，但对东西方经济和文化的交流有促进作用。

建立了亚历山大城和许多以他名字命名的城市。亚历山大城有一所著名大学，大学校长是一位发现者，虽说是另一类型的发现者。事实上，他想依靠智慧探索，想为数学和天文学增光添彩。在月食时观察地球在月球上投射的影子，从而发现地球是球形，他把圆周分成 360 等份，并计算出我们星球的圆周长。其实，他发现当太阳直射阿斯旺时，和亚历山大城处于同一子午线上，和天顶形成一个 7 度角，从而算出阿斯旺与亚历山大城之间的距离是 5000 希腊里。[①] 按此比例，他就能算出地球的圆周长。这位希腊人名叫埃拉托色尼[②]，大约生活在公元前 200 年。一个生活在 2 世纪的埃及人托勒密[③]，绘制了已知全世界的地图，图中标出大部分亚洲、非洲和欧洲地中海国家的位置。

今天，我们中间也有伟大的发现者。就在 25 年前，纽约自然史博物馆馆长确信，若在中亚的戈壁沙漠探险，将会有重大发现——古代怪兽化石。人们纷纷讥笑他，说这是白白浪费金钱和精力，但他没有屈服，却组织了探险队。探险队由博物馆馆长安德森（Anderson）先生负责，他热爱这种先驱者事业，为了研究鲸的生活，他曾经领导过在北极海域的探险。信任他并坚信探险成功的十个队员跟随着他。他们抵达北京后购买了三辆汽车；但在这里人们仍试图劝阻他们，提醒他们注意沙漠中可怕的沙尘暴、白天的酷热和夜晚的寒冷，因距离遥远不可能得到他人的帮助。此外，在远离海洋的高原上怎么可能存在两栖爬行动物的化石呢？但他们带着枪支毅然前行，起初还有其他探险队结伴，当他们

---

① 1 希腊里等于 185 米，一说约等于 178 米。

② 埃拉托色尼（Eratòstene，约公元前 275—前 194），古希腊地理学家、天文学家、数学家和诗人。曾任亚历山大城图书馆馆长。在西方最早使用"地理学"一词，被称为"地理学之父"。首次测算黄赤道交角，并算出地球圆周长（39690 公里），同地球实际周长接近；应用经纬网绘制地图，奠立了数学地理的初步基础。著有《地理学》三卷，对地球形状及海陆分布做了阐述，着重叙述地区主要特征。

③ 托勒密（Tolomeo，活动时期 2 世纪），著名的天文学家、地理学家和数学家。他的主要研究成果是在亚历山大城完成的。他所发表的地心宇宙体系（托勒密体系）在天文学中占统治地位长达 1300 年。

如何教育潜在成人

不久进入可怕的渺无人烟的腹地时，只得完全依靠自己了。没有人相信这些疯子能够活着回来。他们在不可言喻的困难面前没有畏缩，在广袤、荒凉、寂寞的沙漠中持之以恒地挖掘。突然，他们终于发现一块骨头的碎片。他们兴高采烈地围着那些碎片跳舞，因为证明其观点有根据。在返回之前，他们又发现其他证据，在一个地区发现成百上千的恐龙化石！通过发现大量卵解决另一重大问题，证明爬虫动物的繁殖方式。在挖掘过程中，他们还碰到颇像石柱的巨大骨骼，那些巨大骨骼应当属于某种异常大的哺乳动物；其后，他们又发现其他骨骼，显然是属于同一动物的，最后发现直立的腿骨，表明这种动物是被流沙吞噬的。

这样，他们带着内容丰富的探险报告返回纽约，可以说他们心满意足，即使没有得到任何物质上的补偿。然而，他们取得道德上的伟大胜利，对人类认识作出巨大贡献。但是仍然有许多人把他们视为疯子：他们去沙漠辛苦挖掘，因发现一些旧骨头而欣喜若狂！

我们培养儿童对过去和现在的探险家及研究者的赞赏之情，不是为了用我们的感激之情回报他们：他们远比我们卓越。然而，我们想帮助儿童懂得人类起过的伟大作用和还应当起的作用，因为懂得这一点，精神将得到升华，我们会变得更自觉。历史应当生机勃勃，应当激起满腔热忱，摧毁任何形式的自以为是、懒惰和利己主义。他们教育我们两千年"爱邻如爱己"，但我们在这条路上没有任何进步，因为仅限于布道无济于事。伟大崇高的思想通常靠艺术和文学进行传授，儿童心智不可能达到和理解这些人类心灵的表现。然而，人类成就史是某种实际的东西，是人类伟大的生动证据；它很容易让儿童激动不已，当想到千百万人像先驱者那样在身体和精神上英勇奋斗，以解决生活的诸多问题，所有人都作出自己的贡献，即使问题可能由一人独自解决。

在思想领域，正如在地质学年代，在发生变化之前应当准备环境。不可或缺的智力环境准备就绪后，在这种有利的精神氛围中，众多睿智大脑齐心合力，就能够有新发现。成百上千智慧结晶在一个人身上体现，此人叙述至关重要的东西，或者有重大新发现。诗歌中除外，先驱者总是得到前人的帮助，现在建立在过去之上，正如房子建在地基之上。在创造性活动中，人类远远超过自然。但人类若不接受不听从上天（它无手无脚，却在宇宙中无处不在，因为宇宙是它创造的，利用人类和其他"工作者"继续塑造），将不可能完成创造事业。

人类为了完成想做的事业，不再限于使用双手，因为他们已经拥有机器。因此，和自然相比，人类从一开始就受益匪浅。人类的生活更丰富更伟大，这是以前无可比拟的，儿童应当为生活做好准备。教育的基本原则是所有课程的关联，它们在宇宙整体观中找到中心。

十三　原始伟大文明

仅在几年前历史研究得到科学的帮助；最初成果之一是确定社会组织出现假设时间是被推迟了，现在还不能精确确定其出现的时间。令人惊奇的是，在迄今研究的任何古代时期，即使那时大多数居民多么野蛮，人类似乎总有一些相对进步的文明中心。学者现在应当承认在众多神话和传说中有真实根据，而以前认为它们没有价值。

涉及东方传说，业已证明特别需要年代学纠正。近期，人们认为文明主要是西方的产物，只是含糊其词地提及和东方古老中心的联系。然而，印度智者总认为他们的历史文献和哲学著作最古老；这一论断通常和西方学者的轻蔑怀疑相冲突，但现在得以证实，足以让我们尊重那些作品，即使不足以让我们完全接受它们。现在，一个事实确凿无疑：在欧洲文明之前很久，某些亚洲进步类型文明业已空前繁荣，更不用提埃及文明了。无论是东方文明还是西方文明都源于一种在远古大陆发展的更古老文明。

在前几章，我们指出地球按预定规划，通过自然的"工作者"发生频繁变化。大约在公元前75000年发生一次剧变，可怕的大洪水泛滥，整个地区被大西洋海水吞没。剩下的唯一一块陆地是亚特兰

如何教育潜在成人

蒂斯岛①，这是一个用波塞冬命名的岛屿，它于公元前10000年下沉，正如希腊人梭罗②在历史上考证那样，他是从埃及祭司那里得知这一传说的。这些灾难深刻改变西方世界面貌，同样也改变了亚洲，淹没了古代兰卡的大部分和印度南部，喜马拉雅山脉和中亚高原崛起。然而，生命并没有在亚洲中断或孤立（如同亚特兰蒂斯那样），文明得以继续并空前繁荣，那里的文明受到亚特兰蒂斯移民浪潮的滋养，他们可能受其祭司警告的引导——逃离受谴责之地，或者跟随东伐的游牧民族到达亚洲。传说向我们描述亚特兰蒂斯人是富有冒险和殖民精神的民族，他们创建了一个富饶并强大的帝国。他们的文明将在埃及和秘鲁长期存在，正如在亚洲的大部分地区一样，这里的文明和在他们之后来到的雅利安的人文明截然不同。

中亚民族潮水般地通过高加索和地中海海岸，或者沿着更靠北的道路来到欧洲，占据欧洲沼泽平原，地面尚不太干但勉强可以居住。他们离开了故乡，那是他们约公元前两万年的摇篮，可能那里气候变得干旱，从而生活变得极端艰难。事实上，人们认为恰恰在那个地区其后形成了戈壁沙漠。那些没有迁徙到欧洲和非洲的民族向南，抵达波斯和印度，把那里变成雅利安人的地盘，他们逐渐地渗透并征服亚特兰蒂斯诸国（那里居住着被辉煌文明腐蚀的民族），他们是印度古老神话中的罗刹。

这样，印度成为连接古老文明和近代文明的重要一环，也是它们因不可调和差异而发生冲突的地点；但最终靠其伟大领袖、哲学家和圣人，实现难能可贵的宽容及社会结构的统一。博学之士没有就确切时代达成一致意见：在那个时代，大神克里希纳③把阿周那④的马车驾到古鲁

---

① 亚特兰蒂斯岛，古希腊人相信的传说岛屿，在大西洋直布罗陀海峡之西。柏拉图在《克里底亚篇》提到，克里底亚的祖父在梭罗处听到此传说，而梭罗在访问埃及时从祭司那里听到。雅典的敌人来自大西洋上的亚特兰蒂斯岛，兵力强盛，当它发出威胁要奴役整个地中海地区所有民族时，小小的雅典不畏强暴，战而胜之。不久后，大海淹没此岛，整座岛屿永久沉入海底。

② 梭罗（Solone，公元前630—约前560），雅典政治家和诗人。

③ 克里希纳（Sri Krishna），印度神话中的主神。

④ 阿周那（Arjuna），印度叙事诗《摩诃婆罗多》中的主人公般度族五兄弟之一。

格舍德拉①田野；或完美无邪的罗摩②国王，为了重新夺回自己漂亮新娘悉多③，而同罗波那④开战。今天，否认这些是历史事件的人为数不多。

关于佛陀⑤生平的消息比较确实，他是贵族悉达多·乔答摩，其追随者属于现存最大宗教之一，正如关于印度哲学家商羯罗⑥和罗摩奴阇⑦的生平一样，他们同样要给予印度文明一种精神性印记，其他任何国家都没有达到的精神性。印度长期与世隔绝，缺少和其他雅利安民族的健康接触。在最近几百年内，印度看到征服者和商人来国内定居，除他们自己受益外，也使印度人受益。实际上，穆斯林用其文明让民族生活丰富多彩，并为国家提供一个睿智的统治者——莫卧儿王朝皇帝阿克巴。⑧再晚些时候，英国统治给印度带来西方现代思潮，并唤醒了那里的政治活动。

在古代世界，大学功能由"神秘"宗教团体行使，伟大的思想家都渴望被它们所吸纳，它们确实从国际范围内吸收成员。其重要团体在印度、巴比伦和埃及；最晚的希腊埃莱夫西斯的神秘宗教团体是前者的派生组织。传说认为它们的渊源中心在黄金时代、最辉煌时期的亚特兰蒂

---

① 古鲁格舍德拉（Kurukshetra），印度重要朝圣地。约公元前 1500 年为雅利安人居住地。

② 罗摩（Rama），印度教所崇奉的主要神灵之一。

③ 悉多（Sita），印度教神话所传罗摩的配偶，妇女忠贞节烈美德的化身。悉多遭魔王罗波那诱劫，经罗摩营救脱险。

④ 罗波那（Ravanao），印度教神话中的十首魔王。

⑤ 佛陀（Buddha，公元前 565—前 485），佛教创始人。姓乔答摩，名悉达多，佛陀简称佛，意为"觉悟者"，是其称号。佛陀出生于释迦族王国（现在印度和尼泊尔接壤的边境地区）。

⑥ 商羯罗（Sri Sankaracharya, 788—820 / 700—750），中世纪印度教吠檀多哲学代表人物，谓只有梵才是真实的，是永恒的根本，是一切事物的本原，一切差异变化都是幻觉。

⑦ 罗摩奴阇（Sri Ramanujacharya，约 1017—1137），印度南部地区印度教神学家、哲学家、灵修界思想家。

⑧ 阿克巴（Akbar，1542—1605），印度莫卧儿王朝最伟大的皇帝。阿克巴在争取印度人合作上比所有前任穆斯林统治者都成功。

斯，还有不列颠和高卢的克尔特人教士，他们的知识也源于此岛。希腊大科学家毕达哥拉斯①到巴比伦和印度考察，向睿智的祆教②和婆罗门教③的僧侣学习。

从远古时代起，伟大的中国就是亚洲文明的另一个中心。在经受年复一年的领土冲突之后正在崛起并日益引起学者的注意，探索其文明博大精深和永葆青春的秘密。在中国考古学研究开展不充分，因此对其起源尚不能确定准确时间；但从已知的消息看，其文明程度一直很高。中国人的错误是过于满足于达到的完美，闭关自守、避免和外界接触，处于危险的孤立状态。这种态度会给人类共同体带来致命后果，正如我们在动物物种中所见。

人们认为中华民族，无论是汉族人还是蒙古人，都源于亚特兰蒂斯④；某些学者把他们和西亚的阿卡德人联系起来，后者被闪米特人驱逐出美索不达米亚，没有人知道中国人的印刷术和其他发明（比如指南针）上溯到何时，欧洲人几百年后才从他们那里学会。他们的伟大智者老子和佛陀是同时代人，他是道教创始人，和佛教一起在中国广泛传播，并和佛教融合。然而，中华文明及其习俗更多地受到孔子的影响，他出生于公元前6世纪，是中国主要古代经典的作者，他至今受到大家的尊敬。

在13世纪，一位威尼斯旅行家马可·波罗，让欧洲认识了天朝帝国的富饶和强大，从那时起许多产品和发明，如印刷术、缫丝工艺、优质茶叶和火药等等，源源不断地从中国来到欧洲。其后，中国的贸易大门被暴力打开，但历经众多变迁，中国仍会保持其精神完整性。

---

① 毕达哥拉斯（Pitagora，约公元前580—约前500），古希腊哲学家、数学家和毕达哥拉斯教团创始人。此组织虽系宗教性的，但是其制定的原则却对柏拉图和亚里士多德的思想产生影响，并促进了数学和西方理性哲学的发展。

② 祆教，琐罗亚斯德教的旧称。

③ 婆罗门教，印度古代宗教，因崇拜婆罗荷贺摩，故称。

④ 显然，这种观点是欧洲中心说的翻版，没有文献记载和考古发现的根据。

十四 时光流逝中 的埃及

从旧石器时代到今天繁荣的埃及文明（少数暧昧不明时期），通过希腊人，成为大部分欧洲文明的渊源。由于其中心位置和丰富的自然资源，尤其是尼罗河的慷慨馈赠，埃及适合成为文明融合的中心，此外具有继承远古民族的艺术和科学知识的优点。埃及人还倾向于做殖民地开拓者，即擅长把他们的环境转移到别处；他们拥有创造性智慧，善于发明，而其他民族采用。

他们的一个发明对人类具有巨大意义，通常它是一系列部分发明的结果。尼罗河的定期洪灾总留下一段肥沃的土地，那里植物生长茂盛；仿佛农民已经具有挖渠引水灌溉远处土地的观念。这样，他们开始实施灌溉，他们是向生活在类似三角洲的居民，尤其是美索不达米亚的居民学习的。铜是埃及人的另一重要发现。在尼罗河的河滩上，每当洪水开始泛滥时，水在浮动大量水藻的平静水域形成旋涡，沉淀下一种绿色物质。埃及人特别看重绿色，他们认为绿色是生命的颜色，为了保障长寿，他们甚至把脸涂成绿色。从而，他们发现这种孔雀石，把它研成粉，再和油脂相混合，制成一种皮肤油膏。为让绿粉和油脂更好融合，他们尝试在火上加热。结果，油脂耗尽，剩下固体沉淀物——铜。从此，埃及人开始用这种新金属制作项链、花瓶和装饰品，并且批量生产。雕刻上图案的铜花瓶售价不菲，但由于经久耐用仍供不应求。于是，为了寻找更多孔雀石，他们开始开采矿山。很快，就冶炼出黄铜，并用黄铜制造弦乐器。埃及的手工艺者个个都是技术高超的能工巧匠，他们对自己的工作无比热爱，甚至连睡床都比我们今天制作得美观，床腿神奇地雕刻成动物形状，为方便上床还雕出台阶，在枕头位置上放置一个坚固的木枕。大约在公元前4000年，埃及人已经拥有桌子、椅子、造型美观的镜子、象牙餐勺；贵妇人佩戴的头饰。埃及的灵魂在美中表现。该民族有将首饰、乐器、农具和奴隶雕像随葬的习俗；其实，他们认为那些奴隶在阴间靠魔法仍能干活，在阴间为主人耕种土地，就像在阳间一样。在尼罗河上用三艘船举行葬礼：第一艘船上载着石棺或棺材，坐着祭司和死者亲属；第二艘船上坐着花钱雇的哭诉妇，葬礼因她们才庄重；第三艘船上满载供死者在阴间享用的食品及各种贵重物品。三艘船抵达河对岸，石棺或棺材用牛车拉到墓地，那些公牛将作为陪葬品被杀死。在坟墓的四壁写有许多经文段落，再晚些时候写在纸莎草纸卷上，然后汇集成死者书，最终学者破译了那些经文。这种对死者的崇拜对历史学作出巨大贡献，即使其目的并非如此，随葬的植物更不是为我们贮存煤炭。

埃及人用宝石和贵金属装饰美化死者，为制成木乃伊需要稀见的香草和辛香作料。为了航行使用两种不同的船：一种用于在尼罗河上航行；另一种用于海上航行，船帆上都绣有美丽无比的图案。乘着这样的舟船，他们沿地中海和红海航行，甚至抵达索马里；深入波斯湾，沿叙利亚海岸航行；他们同爱琴海诸岛和小亚细亚的关系友好。

相反，苏美尔人① 是生活在波斯湾岸边的民族。根据一种传说，诸神从一条大鱼中涌出，教会他们许多神奇之事，后又重返鱼身。苏美尔人也创造了灿烂文明，或许得到埃及人的帮助。几年前在印度西北部的摩亨朱达罗② 发现苏美尔人的建筑遗址。

---

① 苏美尔人，古代两河流域南部（今伊拉克境内）的早期居民。苏美尔人是两河流域文化的开创者，首先使用楔形文字。
② 现为巴基斯坦领土。

埃及人让雇佣军为他们作战，让奴隶为他们劳动。因此，文明的进步并不意味着道德的进步。金字塔和其他雄伟建筑都由奴隶建成，奴隶在凶残的监工者的皮鞭下干活。埃及有一位伟大的法老，他也是一位宗教改革家。他建议精神净化和简化崇拜仪式，因为他断言首要责任是在真理中生活和探寻真理。他未能战胜祭司的反对，祭司过于强大，结果他被废黜；埃及丧失内部团结，并开始衰落。

今天研究历史再不能忽视或蔑视古代宗教，事实上，它们构成人类心理学的重要部分。原始民族都具有宗教敏感性，驱使他们把灵魂赋予天下万物（有生命的、无生命的），赋予树木、太阳和星辰。他们用想象的目光看见灵魂，我们用想象可以探寻自然的奥秘。人类没有宗教不能生活，因为宗教适应人类发展的每个新阶段。在埃及，人们崇拜多神，诸神被层层神秘云雾所笼罩。所有神明中最重要的当属太阳神，是他创造了世界和人类，并把人类托付给其子——法老照管。太阳神名叫阿蒙—瑞①，即使存在众多小神，但没有一个可以和他相比。关于埃西斯②和俄赛里斯③有不少神奇的传说，他们是埃及的统治神。俄赛里斯被其弟背叛并被敌人杀死，其尸体被剁成肉块。埃西斯长时间寻找其夫被肢解的尸体，最终找到全部肉块并拼成一体，其夫奇迹般复活。其后，俄赛里斯成为冥界统治者，而埃西斯和儿子荷拉斯在人间统治。在大地上人们在太阳神的目光下生活；死者在冥界接受俄赛里斯评判，他把死者的心脏放在天平上称量，天平的另一托盘上放着真理。为此，埃及人给死者的心脏填满铅，想在评判时增加心脏重量以欺骗俄赛里斯。

这里，我们不可能完整地叙述埃及史，仅限于提供指导研究的要点。现代历史尤其重视各个民族之间的交往和融合，从而不同集团倾向于结成更大集团，并且各个民族开始组织人类团结。融合过

---

① 阿蒙－瑞（Amon-Ra），其形象如人，有时生有公羊头。

② 埃西斯（Iside），古代埃及女神，俄赛里斯的妹妹和妻子。

③ 俄赛里斯（Osiride），古代埃及主神之一。

程相当缓慢，但文明恰是这种融合的产物。教师应当学习每一集团的起源、地理位置及发展，其迁徙及同其他集团的关系，了解全民族生活史，而不是个体生活史。总有可能以适当方式向儿童介绍这些历史事件。

十五 在巴比伦的生活及其与推罗的关系

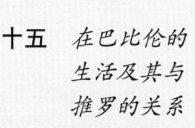

在幼发拉底河和底格里斯河两河河水灌溉地区，现在称作美索不达米亚，是同埃及文明相媲美的古老文明发源地。这两大文明在长达几百年的时间内并行发展和相互敌对，但巴比伦的历史更加动荡，不得不承受众多入侵和征服。考古学家发现许多城市废墟埋藏在沙中，其中就有尼尼微。尼尼微离巴比伦不远，是王国的古老首都。公元前 1000 年，加勒底人、亚述人、巴比伦人和波斯人轮流统治此地区的帝国，因为其边境没有受到自然屏障的保护。

罗林森①在其巴比伦史中描述了这座伟大城市，应该是在尼布甲尼撒②时代，城市的名字因《圣经》的篇章在基督徒中家喻户晓。该城人口众多，来自当时已知的世界各地：留着长胡子、身着丝绸长袍的闪米特统治者，身着短裙、剃光胡须的苏米尔人。这些苏米尔人属于一种更为古老的文明，他们是被征服者，但闪米特征服者因其文化而尊重他

---

① 罗林森（H.C.Rawlinson, 1810—1895），英国军官，东方学家。著有《巴比伦及亚述楔形文字铭刻注解》（1850）和《亚述史纲》（1852）。

② 尼布甲尼撒（Nabucodonosor, 约公元前 630—前 562），巴比伦国王（公元前 625—前 562 在位），是那波帕拉萨尔的儿子。

们；许多人去咨询他们的智者——占卜者和占星术家。神庙是市民生活的中心，而祭司既富有又有权势。

建筑物构成的风景比埃及大为逊色：街道狭窄，建筑均由陶土颜色砖砌成。他们使用黄铜，但瓷器制作水平不高。存在许多由传奇式创建者汉穆拉比①修建的渠道；他给自己国民留下智慧的法典，特别突出保护妇女和穷人。这些法律和其他文字被发现刻在陶土板上，那些陶土板是作为书籍使用的。工匠用锋利的工具把字压印在软泥板上，再将软泥板放在阳光下晒干硬化，让文字保留下来。在文物挖掘地发现成百上千块陶土板；尼布甲尼撒在其宫殿里有一个大图书馆，收藏着这类陶土板的图书。

巴比伦人是热爱和平的民族，他们很容易从征服者的军队面前逃走，但不久就返回故土重建家园。在那个时代巴比伦城人口众多，城墙高达 10 米，相当宽阔可容 4 匹马并排奔跑。城墙周长大约 15 公里，并有 100 座城门，最美的那座城门是献给伊西塔的，她是爱神和战神。这座城门有 6 个用珐琅装饰、用青铜和黄金制作的塔楼。

一条神奇的林荫大道从国王的宫殿一直通向梅罗达施神庙，道路两旁矗立着巨大的公牛和狮子的雕像，那些雕像是用金属和珐琅制成的。现在，在大英博物馆可以见到这些雕像。狮子和公牛是黄道带②的两个标志，表示仍被称作金牛座和狮子座的黄道星座。所有古老宗教都崇拜这些标志。

巴比伦不仅同埃及而且同腓尼基的推罗城③进行贸易。推罗是个海洋国家，其居民沿着欧洲和非洲的海岸航行，甚至到达过不列颠诸岛。

---

① 汉穆拉比（Hammurabi，？—公元前 1750），巴比伦第一王朝的第六代国王。汉穆拉比自公元前 1792 至公元前 1750 年统治巴比伦，统一美索不达米亚地区，曾颁布一部著名法典。

② 黄道带，天文学名词，指天球上黄道南北两边各 9 度宽的环形区域。月球和一些主要行星的轨道都在黄道带中。黄道十二宫的一宫各占黄道带的 1/12。黄道星座的形象多为动物。

③ 推罗城（Tiro），腓尼基的古城。

希伯来先知以西结预言尼布甲尼撒国王将大胜推罗：

"人子啊，要为推罗唱起哀歌，并应对推罗说：你在海口居住，是众多海岛居民的商人。主耶和华如此说：推罗啊，你曾说：我是一艘美丽无比的大船。你的边界在海中，你的建造者使你美丽非凡。他们用示尼珥的松树做你的一切平板，用黎巴嫩的香柏树做桅杆，用巴珊的橡树做你的桨，用象牙镶嵌基提海岛的黄杨木做舱板。你的篷帆是用埃及五颜六色绣花细麻布做的，可以做你的旗帜；你的凉棚是用以利沙岛的蓝色、紫色布做的。西顿和亚发的居民为你荡桨。推罗啊，你们中间的睿智者来掌舵。"

"塔施人因你多有各类财物，就做你的客商，拿银、铁、锡、铅兑换你的货物。雅完人、土巴人、米设人都与你交易；他们用人口和铜器兑换你的货物。陀迦玛族用马、战马和骡兑换你的货物。底但人与你交易；许多海岛做你的码头，他们拿象牙、乌木给你送礼。叙利亚因你的工作很多，就做你的客商；他们用绿宝石、紫色布绣货、细麻布、珊瑚、红宝石兑换你的货物。犹大国人和以色列国人都与你交易；他们用米匿的小麦、面饼、蜜、油、乳香兑换你的货物。大马士革人因你的工作很多，又因你多有各类财物，就拿黑本酒和白羊毛与你交易。威但人和雅完人拿加工过的铁、肉桂、菖蒲兑换你的货物。底但人用贵重的骑装和马鞍与你交易。阿拉伯人和基达的一切首领都做你的客商，用羊羔、公绵羊、公山羊与你交易。示巴和拉玛的商人与你交易，他们用各类优质香料、各种宝石和黄金兑换你的货物。"

"他们拿形形色色货物与你交易：天蓝色绣花衣料、编织细密的地毯、结实的绳索。"

"塔施的船只结成商队为你运货，在海中你变得既富有又荣耀。"

诗人这样描述富饶的推罗，但它注定受到最大强国巴比伦的羞辱，于是巴比伦正在变成一个世界帝国。然而，另一希伯来先知耶利米，几乎在同一时期谴责巴比伦的倒行逆施并预言它的垮台：

"巴比伦是上帝手中的金杯，它使天下沉醉，各国百姓喝了此酒变癫狂。巴比伦突然倾覆毁坏，请为它哀号，为减轻疼痛，请快敷上香膏，或许可以治愈伤口。""你们要磨尖了箭头，抓住盾牌，上帝执意攻击巴比伦，将它毁灭，为此激起米堤亚国王的勇敢精神。"

在《圣经》的其他部分，可以看到尼布甲尼撒被判发疯及其儿子倒霉宴会的故事。在那次宴会上，上帝之手在王宫墙上写上他的王国当夜终结。事实上，巴比伦遭到突然袭击，居鲁士[①] 和大流士[②] 相继统治王国。

米堤亚[③] 人和波斯人是更强大更勇敢的民族，由于他们脱离游牧生活时间不长；当时机成熟时，他们注定将文明的火炬传给希腊人。

---

① 居鲁士（Ciro il Persiano，公元前 590—约前 529），波斯政治家和阿契美尼德王朝的开国君主。公元前 539 年 10 月率军攻占巴比伦。

② 大流士（Dario della Media，公元前 522—前 486），波斯帝国阿契美尼德王朝最伟大的国王之一。

③ 米堤亚（Media），伊朗高原的西部古国。

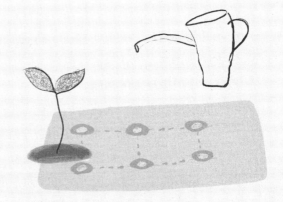

十六　尊严与
厚颜无耻

　　宇宙规划有点儿像烹调艺术，为获得一定结果，不同文明需要
融合。分别备好各种食料，精心加工，再耐心地烹饪，直至达到预
想条件，其后形成一盘富有特色的菜肴。同样，在埃及历史上事件
不多并缓慢地证实，而文明和平地传播，许多东西一点点进化。其
后，添加巴比伦文明，正如某种调味酱，它味道鲜美因内含许多更
古老食料，比如赫梯人和西徐亚人的"佐料"。再后米琪亚人抵达，
接着波斯人来临，从而这盘菜的口味发生改变。这菜不是简单的混
合，更像是发生化学变化，创造出某种统一的新东西，此前并不存
在的东西。

　　大流士的帝国既富饶又神奇；金碧辉煌的宫殿装点苏萨城[①]、波斯
波利斯城[②]和底比斯城[③]，同众多都会一样。米琪亚人曾是山民，而波
斯人和米琪亚人同根同源，正如西徐亚人和赫梯人都是游牧民族，他们
在伟大首领指导下，突然显现出巨大力量，并且靠战利品致富。他们酷
爱真理，尤其尊重法律，以致有谚语说"米琪亚人和波斯人的法律不可

---

① 苏萨城（Susa），波斯古城，今伊朗西南部的胡齐斯坦。
② 波斯波利斯城（Persepoli），波斯古城，今伊朗的塔赫特贾姆希德。
③ 底比斯城（Tebe），希腊古城。

违犯"。居鲁士不仅征服巴比伦，还征服埃及，并确立对所有小国的统治。大流士巩固了帝国，任命帝国行省总督，让他们以大流士名义实施统治并管理司法。大流士修筑了高质量的道路把印度和希腊相连；他慷慨大度，许诺在巴比伦的以色列囚徒可以重返耶路撒冷，并在那里重建被尼布甲尼撒摧毁的神庙。

在波斯波利斯，大流士国王有一张造型精美的睡床：葡萄藤上枝叶茂盛、果实累累，那些葡萄全由黄金雕镂。他拥有一支10万士兵的御林军，并发动一场反对西徐亚人的战争。西徐亚人生活在里海和黑海之间的崇山峻岭中，他们的力量和凶残是传奇式的。大流士不相信关于那些巨人的传言——他们都是独眼龙，并长着山羊蹄，用山羊蹄可以攀岩而上。他入侵了他们的国家，并在4年内征服那个国家，迫使西徐亚人向北部和西部的草原迁徙。人们在不同地方发现许多石碑，颂扬王中之王大流士的文治武功；1828年，罗林森在靠近印度的山区，发现一块高10米石碑。然而，大流士的强大帝国也迅速瓦解，因为他的米堤亚及波斯的勇敢士兵不足以维持幅员辽阔大帝国的统一，为了捍卫国土不得不使用其他民族的部队。

有一天，王中之王大流士（他的法令传遍世界，旨在立即执行），获悉一个非常可笑事件消息。一个希腊岛屿上的一个村庄竟敢造反，向他的权威挑战，并且得到一些人——雅典人的帮助，雅典人是一群生活在爱琴海彼岸的可怜虫豸。他几乎不相信他们敢造反，强大的大流士对此掉以轻心；他乐于要求其朝臣不断向他提起雅典的名字，以避免让那座自命不凡的城市逃脱惩罚，鉴于在那时他正关注更重要的事情。

那些岛屿上的希腊人是些什么人？那些厚颜无耻的雅典人是些什么人？他们竟然卷入与自己无关的纷争。

两部长篇史诗《伊利亚特》和《奥德赛》给我们提供关于希腊人的最古老消息。这两部史诗的作者是一位名叫荷马的盲诗人。《伊利亚特》叙述结盟的希腊诸君主和特洛亚国王之间长期战争的历史：特洛亚王子拐走希腊人首领的美貌妻子海伦。希腊人和特洛亚人属于来自高加索的同一种族，分别居住在达达尼尔海峡的两岸；特洛亚曾是最古老的国家。最终，特洛亚被征服被摧毁，而胜利的希腊人乘船返回祖国。他们在回国途中历经艰险，正如《奥德赛》所叙述那样，它讲述了奥德修斯的流浪故事。奥德修斯是一位智勇双全的将领，他做了许多事情帮助同伴取得胜利，但他却因其弄虚作假惹怒众神；为此，他在海上历经艰险，在重返故乡和妻子团聚之前受苦受难。在他的朋友之中，有一位叫米诺斯，是克里特王。克里特被称为"海洋之星"，从这里向西方首次传播一种异于埃及和亚细亚的新文明。克里特商人和西班牙进行贸易，即使今天有些西班牙芭蕾舞女演员仍身着米诺斯时代风格的克里特服饰，那是大约公元前 1500 年，迷宫被摧毁之前的风格。就在不久前，伊文思① 爵士挖掘发现克里特神奇的宫殿，那座宫殿里包括商店和各种用途的建筑物，简直就像一座迷宫。它带有突然被抛弃的印记，这是在敌人摧毁城市时发生的。传说克里特人迁徙到托斯卡纳②，他们把艺术带到那里，再晚些时候在那个地区大放异彩。

相反，特洛亚城被考古学家谢里曼③ 所发现。他刚开始挖掘时感到很惊讶：发现城市和《伊利亚特》描述的不同。其后，发现不少于六座城市被埋，座座相叠，而其中一座恰如荷马描写。

正是这些希腊人的后裔在公元前 5 世纪激起大流士的怒火，尤其是雅典的居民，雅典是古希腊的独立城邦之一。当时机成熟时，大流士国王派一位英勇善战的将军率大军进行惩罚性讨伐，以制服雅典及其友邦，并把它们的首领囚禁在波斯波利斯城。然而，结果给不可一世的波斯人更大打击，因为不可能的事情发生了：小老鼠战胜了大象。受辱的君主为雪耻准备御驾亲征，但他的死亡使报复的希望破灭。他的儿子薛

---

① 伊文思（S.A.Evans, 1851—1941），英国考古学家，曾发掘克里特岛上的克诺索斯古城，揭示青铜时代文明，称作米诺斯文化。

② 托斯卡纳，意大利中部大区，首府是佛罗伦萨。

③ 谢里曼（Heinrich Schliemann, 1822—1890），德国考古学家。

西斯一世① 不能和父亲比肩。无论如何，为了完成父亲的宏图大业，薛西斯一世准备好 20 万大军对抗 5 千雅典士兵，他派遣既美丽壮观又强大无比的舰队征讨。他让工兵在达达尼尔海峡架设一座浮桥，以便让他的士兵脚不沾水地跨过海峡。他还让人在山头放置王座，他要居高临下亲眼目睹波斯大军的胜利。

现在雅典面临巨大危险，派人请其他希腊城邦帮助它拯救共同祖国及其自由。斯巴达派 300 名士兵驻守温泉关的狭窄通道，他们成功阻击波斯军队前进长达 3 天，但几乎全部牺牲，只有一名士兵回到斯巴达。其后，波斯军队攻破雅典并大肆烧杀。然而，这是一次徒劳无益的胜利，因为雅典的首领为全力以赴保护其战舰，主动放弃他们的城市。波斯的庞大舰队在狭窄的雅典湾处于不利地位，薛西斯一世屈辱地看着自己神武的舰队在萨拉米斯大海战中遭到惨败，被迫仓皇逃跑。

希腊人和波斯人之间的战争持续多年，战局变化无常，因为希腊人做不到永远发扬英雄气概，或在和平时期巩固加强危难时刻形成的团结局面。无论如何，现在生活的火炬在希腊人手中，他们的文明将不断进步，而波斯人将无可挽回地衰落下去：200 年后，希腊人入侵波斯帝国并在波斯波利斯城大肆烧杀。亚洲的文明过渡到欧洲。

希腊人拥有新政治理想、自由的理想。他们认为一人命令、众人服从的制度是可怕的。法律制定应当通过所有人共识，其后人人必须遵守法律。每个希腊人自尊心很强，他们团结一心时将战无不胜。而波斯军队士兵是从受暴君奴役和压迫的民族中征募来的。希腊人还因他们的聪明才智，他们对文学、艺术、戏剧的酷爱而闻名遐迩。他们非常重视身体美和健康，并组织体育运动比赛。

---

① 薛西斯一世（Serse，约公元前 519—前 495），波斯国王，大流士一世之子和继承人。为其父在马拉松的惨败雪耻，决心进攻希腊，秣马厉兵 3 年。公元前 481 年率兵 500 万（据希罗多德记载，现在估计为 36 万）和 700—800 艘战舰，从赫勒斯滂跨过海峡。最初势如破竹，占领阿提卡，洗劫雅典（公元前 480 年 9 月 21 日）。但在 9 月 29 日的萨拉米斯大海战中惨遭败北。他被迫退回亚洲，驻跸苏萨和波斯波利斯，大兴土木。

十七　欧洲的古希腊创造精神

　　雅典人重建自己的城市和神庙，在崇高的建筑中，他们不惜重金，把自己的艺术才华发挥得淋漓尽致，因为这些建筑表现公民的尊严，相反他们很少关注私人奢华。雅典娜是处女之神、智慧女神和城市保护神，是他们完美的理想：雕刻家菲迪亚斯①负责雕刻象牙和黄金的雕像，以表现雅典娜的理想美。菲迪亚斯和普拉克西特利斯②及他们的追随者用妙不可言的雕像装点城市，那些雕像至今仍被视为人体形态和比例的完美典范。希腊人赋予人体美以道德价值，认为关注身体健康是神圣职责。体操比赛是作为宗教节日的组成部分举行的，在力量和灵巧比赛中的获胜者将被奖励桂冠，人人渴望得到胜利桂冠，仿佛它是由黄金制成。

　　雅典因思想自由而无出其右。一位名叫苏格拉底的智者创立了一个哲学学派，他有一个习惯：在自己同胞中游荡，向他们提出问题而迫使他们反思。譬如，他问：一座象牙和黄金制成的雕像如何拯救城市出危难，为什么他们轻易相信祭司所言，而不用自己的头脑思考。过去一段

---

① 菲迪亚斯（Fidia，约公元前490—前430），古希腊雅典雕刻家。帕台农神庙建筑工程的艺术指导。成名作是雅典卫城的三座雅典娜纪念像和宙斯神庙的巨大宙斯座像。

② 普拉克西特利斯（Prassitele，活动时期公元前370—前330），古希腊雅典雕刻家。他变雄伟风格为优美风格，对以后希腊雕刻的发展有深刻影响。

时间之后，雅典公民大会被诱使干预，将苏格拉底送上法庭，并控告他腐蚀青年。在经过长期诉讼后，苏格拉底的敌人占了上风，他被判处喝下毒液。众多公民想到如此睿智之人被处死感到恐惧，就秘密地通知苏格拉底，允许他从雅典逃走。然而，苏格拉底拒绝逃走，他说雅典有权索要他的生命，他不愿冒犯雅典的法律，逃避法律的制裁。这样，他和他的朋友们讨论哲学问题，度过人生的最后一天，然后平静地喝下毒液；当他们问他愿葬在何处，他诙谐地回答，他们首先应当捉住他的灵魂加以埋葬，至于身体任由他们随意处置。

这样，产生批判思维方式和对第一手知识的渴望，苏格拉底的后继者层出不穷：柏拉图是一位杰出的哲学家；爱拉托色尼证明地球是球状；亚里士多德在自然科学领域进行研究和实验。他们都是伟大的教育家（今天我们仍然应当采用其方法），他们在小范围内点燃星星之火，其后熊熊大火燃遍全世界。在雅典，文学和戏剧空前繁荣，希腊其他城市稍逊风骚；埃斯库罗斯①和欧里庇德斯②的悲剧是莎士比亚悲剧的样板。一般说来，希腊的诗歌和文学被拉丁作家模仿，并对整个欧洲产生深远影响。阿基米德是伟大的发明家，他苦思冥想水托起物体的道理，发现浮力定律③，得益于头脑的想象力和眼睛的观察力。他研制出的凸透镜会聚阳光，烧毁进攻叙拉古城④的罗马战船。他是杰出的数学家，当罗马士兵冲进他的房间并要杀死他时，他正在研究三角形。

马其顿王国（被古希腊人视为一半希腊国家）在腓力二世⑤国王治下空前强大。他凭借霸权成功地统一希腊各个城邦，他准备入侵宿

---

① 埃斯库里斯（Eschilo，公元前525—前456），古希腊三大悲剧家之一。

② 欧里庇德斯（Euripide，公元前484—前406），古希腊三大悲剧家之一。

③ 即阿基米德定律：任何完全或部分浸入静止液体中的物体，受到一个向上的浮力，大小等于被物体排开液体的重量。

④ 阿基米德生于西西里岛的叙拉古城（希腊殖民城市），该城现称锡拉库萨。

⑤ 腓力二世（Filippo II di Macedonia，约公元前382—前336），马其顿国王，即位后施行币制和军事改革，向外扩张。占据爱琴海北岸色雷斯一带，继而南侵希腊。喀罗尼亚战役获胜，立即召开科林斯大会，确立马其顿对希腊的统治。在准备进兵波斯之前被刺杀。

敌波斯的想法使它们狂热。邻国波斯的强盛仍对希腊构成威胁，尤其是雅典和斯巴达之间战争使它们两败俱伤，其他城邦也卷入这场战争，它是所有希腊人的灾难。马其顿的干涉造成这一后果；腓力二世国王声称自己是纯种希腊人后裔，他睿智地把年幼的儿子亚历山大交给哲学家亚里士多德教育。希腊人最终和腓力二世达成共识，同意由他率领大军和波斯作战，唯一条件是他必须尊重每个城邦的自由与独立。

　　腓力二世是一位杰出的统帅，他用所向无敌的部队方阵完善了战争艺术。此外，他用新方法训练骑兵，凭借将骑兵和战马结为一体的严明纪律使骑兵的战斗力倍增。年轻的王子当时只有 12 岁，认真观察如何训练这些战马。当他看到一匹烈马不让骑手骑上时，他哄堂大笑，对驯马者冷嘲热讽，其不敬言词冒犯了驯马者。腓力二世国王责备儿子亚历山大，并且训诫他说，制服一匹烈马需要很长时间。但小王子回答可以立即制服烈马。为了打压他的狂妄自大，国王命令他来驯马："让他自己学，吃点儿苦头。"尽管大家对这一建议感到震惊。然而，亚历山大接近那匹烈马，抓住缰绳，急速地把马头扭向一边。烈马立即变得听话，乖乖地让小王子骑上并开始狂奔。大家都觉得这是魔力所为，但小王子解释说，所有马都惧怕自己的影子，因此每当骑手靠近它时，它都高举前腿直立起来，除非骑手把马头转向一旁。母亲教给亚历山大，说他是宙斯之子，而宙斯是所有希腊人之父，为此他既自负又勇敢。

　　腓力二世在落实其入侵波斯的计划之前被人刺杀，亚历山大继承王位并继续先王未竟事业。他受征服其他国家和认识世界的激情的鼓舞，在征战中让科学家和各个领域的专家陪同，包括绘制地图的技术人员；他为使精神愉悦还随身携带诗集、剧本和史书。他有围着宿营地篝火和其军官们讨论植物学、动物学的习惯，他定期给亚里士多德写信，向老师描述看到的事物并寄去一些标本。在雅典泰奥弗拉斯多①撰写了一部

---

①　泰奥弗拉斯多（Teofrasto，公元前 372—前 287），古希腊生物学家、逻辑学家。曾师事柏拉图，后成为亚里士多德的学生和朋友。公元前 322 年亚里士多德离开雅典后，他一直主持亚里士多德所创立的吕克昂学园。

动植物史，使用的材料恰恰是亚历山大大帝向他提供的。

士兵认为亚历山大大帝不是凡人，事实上他所向无敌、战无不胜。在他征服推罗之后，波斯国王要献出帝国的半壁江山，想要缔结和约。帕尔梅尼奥①将军建议亚历山大大帝接受，但他回答："我若是帕尔梅尼奥，我就接受，但我是亚历山大！"在埃及，他作为太阳神的儿子受到顶礼膜拜。他粉碎了波斯军队的进攻，焚毁了波斯波利斯城，但他对被俘的王室成员很慷慨。他继续向印度胜利进发，从那儿向希腊寄出描述大象和骆驼的报告。

然而，他的士兵已经厌烦南征北战，要求他带领他们返回祖国；这是他们首次拒绝由他统帅进军。他勃然大怒，但他不得不决定回国。在回国的路上，他仍想继续其探险事业，譬如，他想知道波斯湾是湖泊还是大海的一部分，就派战船沿海岸航行，而他和部分陆军在陆上继续行军。在沙漠中行军非常劳累，当士兵渴得嗓子冒烟而备受折磨时，他比士兵更坚强，他在行军路上染上热病后去世。

亚历山大帝国很快解体，由于亚历山大派往遥远外省担任总督的将军迅速宣布独立。然而，亚历山大大帝改变了世界的面貌；他的征战是历史上首次探险性征战，只有250年后由罗马人恺撒进行的征战可以与之相比。

罗马人认为自己是一个比希腊人更优秀的种族，他们肩负着在世界上巩固希腊精神启示并创造的文明的重任。

---

① 帕尔梅尼奥（Parmenio，约公元前400—前330），马其顿将军，公认为腓力二世和亚历山大大帝麾下最优秀的将领。在征服波斯的全过程中任亚历山大大帝的副帅。亚历山大在征服波斯帝国后继续东进，留他在米底维护交通。公元前330年亚历山大派人将他杀死。杀他的原因至今不明。

十八　人往何处去

　　全部自然活动显现意义深远的方法统一性：显然，自然遵循同一个规划，对一个原子和对一个星球都是如此。在 1924 年，胚胎学家蔡尔德① 指出，存在某些紧张活动点，即所谓"生理梯度"，它们并非一起出发或以相同强度，而是每个点在自己特殊时刻拥有独立进程。从一开始，具有某种统一性的细胞恰恰如同其他细胞，但因其活动而产生差异并专门化以构成器官；最终形成循环系统和神经系统将每个器官和其他所有器官联系起来，那些器官也是独立形成的，但其功能目的不同。

　　自然规划的基本原则确定如下：

　　（1）各个器官在不同发展中的自由与独立。

　　（2）各个器官通过细胞的专门化得到发展。

　　（3）各个器官通过循环系统实现统一。

　　（4）通过神经系统组织从中心到边缘的联系。

　　血液也由细胞构成，但其物质既由器官细胞所抛弃的废物，又由从

---

① 蔡尔德（C.M.Childe，1869—1954），美国动物学家。提出了再生与发育的轴梯度理论，对受伤后动物身体某些部位有秩序地重新长出作了生理学的解释。他以实验为基础提出前一后优势理论，认为多细胞生物体内的生理活动沿着由底部到顶部的轴而递增，组织断片的活动梯度决定其长出的结构的部位。他认为梯度系由一种化学因素对细胞功能的作用所造成。

如何教育潜在成人

外部环境中获取的原料构成。激素从内分泌腺产生并进入血流中；它们为促进器官生长不可或缺，如果量不足将延缓器官生长。甲状腺分泌一种激素，肝分泌另一种激素。血细胞，称作红血球，它们是"负重的牲畜"，运输空气中的氧和身体各部不可缺少的营养。这一机制提供身体最基本需求，其后应当重视高级需求，关注对人生行为的准备。为了满足这些需求，细胞根据其服务功能发生变化、作出充分牺牲。在高级阶段，细胞不仅要适应有待完成的工作，而且要拥有完成工作的冲动（并非微不足道）：只有这样，才能实现专门化。最终，神经系统控制让一切敏感和生机勃勃。从脑部出发的无数神经用精神把整个机体相连。但机体不是各个器官的简单组合。神经细胞专门化并精致化，不可想象一个细胞可以独自担负把淀粉转化为糖或同细菌斗争的重任。神经细胞因禁在一个封闭盒子——头骨里，并且不是通过"普选"取得它们在"政府机构"内的位置。胚胎可以教诲我们，人类社会机制如何荒谬绝伦：一个集团奢望统治另一个集团，仅仅凭借其权威而无须达成协议。自然是生活的导师，让我们学习并遵循自然的方法！

我们叙述的人类文明简史旨在说明工作的基本模式，因为人类也是正在成长的有机体。正如各个器官，各个文明中心先独立发展，再相互接触并在更大组织中融合，或者若不适宜生存，在被摧毁前把其精粹让与胜利者。然而，残酷和剥削有其必然性，战争和各种形式的暴力也起着某种作用，因为人们尚未认识到他们是共同的人类，为实现宇宙大业而应当同心协力、一起奋斗。

动摇世界的种种力量紧迫地要求我们，必须认识到人类统一性：那个时代一去不复返了，某个种族集团或某个国家能够成为文明的，而其他种族集团或国家处于被奴役和野蛮的境地。顽固坚持这种陈腐观念只能引起新的战争并导致自我毁灭。如果不依靠教师的事业，怎能实现思维方式的普遍改变？教师不是作为暴君或传教士，而是作为新生代不可或缺的向导在行动。现代教师应当成为孜孜不倦的学者，研究生物学和成长不同阶段的儿童心理学，就像研究成人心理学那样。"学校"不应仅是教学的地方，那里一人讲众人听，双方都感到痛苦——作出巨大努力，却收效甚微。

在所有国家正在实行义务教育制。从而，在教育战线存在某种义务兵役制，类似于国家危难时的总动员。但这不是国家总动员，而是更大规模的总动员，是环球总动员，是为了生命而不是为了死亡的总动员！

正在赋予教师不可推卸的巨大权力。由于首先应当关注身体健康，因此为让教师履行自己神圣职责，我们看到在此领域哪些改革不可或缺。

在学校里，必须认真观察每个孩子的成长，注意观察其脱离正常状况的畸变现象。成长不仅是体形和谐的增长，而且是深刻的变化。人是自身的雕刻家，受内在神奇力量驱动以实现确定理想形态。成长可以界定为在生命冲动驱使下探寻完美。至关重要的是文明造就完美儿童。过去，人们常说"美是某种肤浅的东西"，并劝说孩子不要照镜子，认为那是虚荣恶习的标志。然而，我们声明学校应当是美育的机构，因为美是健康生活条件的指数。良好生活条件产生美，首先这种和谐是蒙台梭利方法的目的之一。我们从两方面考察美，一个是遗传，一个是环境的产物。

1 岁婴儿死亡率很高，是无知和恶劣社会条件造成的非正常死亡，绝非上天的意愿！儿童死亡率直至 6 岁依次递减，从 6 岁到 12 岁维持在一个稳定水平。这些提前的、非正常死亡是真正的谋杀，我们对此负有不可推卸的责任，为此我们应当承认对死者犯下罪行。在 12 岁以后直至 18 岁之前死亡率仍在上升；这是另一个危险时期，在这一时期伴随深刻变化，在 18 岁之后生命才稳定安全。

请观察 24 岁至 36 岁的成功人士，当他们准备繁殖生命时，不应当为死亡纳税！事实上，生殖时期是从 18 岁至 42 岁，但严格限定生育年龄的父母生产的子女更强健、更长寿、更成功。特别年轻或年龄过大的父母的子女往往出现不正常状态，他们或体弱多病或素质低劣，无论如何，和健康、幸福的孩子截然不同。

这些统计涉及死亡率，并可以指出学校不关心死者。然而，任何死亡和较小事故相比都是大灾难。疾病并非立即造成死亡，6 岁以下儿童的高死亡率指出存在大量患病儿童。一个幼童死亡，至少存在 100 个病童，其中一部分因病致残。当器官抵抗力下降而让我们患病时，一个人成为疾病的牺牲品，许多人就有步其后尘的危险。这样，我们学校的大量儿童（6 岁以下的，或 12 岁至 18 岁的）身体虚弱并容易患病。这种情况应当引起教育者的高度重视。

期待一个青春期少年取得一帆风顺进步并大有作为是错误的。对青春期的少年少女的落后状态应持宽容态度。人的生命是整一的，正如一条拉紧的绳子，触及一点，全绳颤动。同样，成人的生命可以感受到在童年发生表面平淡无奇事情的后果，由于在人生衰弱时期容易发生不利插曲，可见教师对人类所负责任确实重大。

在最近几年，教育人类学在欧洲和美洲取得长足进步，在意大利对囚徒进行的研究揭示出其身体上常见畸形。丑陋之人可能是罪犯吗？杀人犯和盗贼在出生时和其他新生儿很少不同，但他们生长的环境阻碍适应所在国的法律。不利社会条件对身体状况和道德水准产生负面影响，个体变得不正常：通常罪犯反映社会的过失。罪犯极少生来就是罪犯；由此可见，如果人们了解犯罪并作出必要努力消除犯罪，那么很容易把犯罪从世界上清除。身体状况是导致犯罪的复杂环境的一种表现。

人们还注意到，大量畸形发生在疯人身上。今天存在几百万疯人，其数量还会增加，但业已证明疯狂不是遗传的；如果儿童被科学地研究并受到适当治疗，疯人将会减少。

肺结核是可怕的灾难，正如佝偻病、心脏病和许多其他身体畸形，过去都被错误地视为遗传病。结核病人的胸廓异常狭窄，但这种缺陷在童年靠合适训练能够纠正。今天，对细菌学的研究降低了传染病发病率；因此，现在这一时刻来临：把科学抚育儿童当作社会预防措施，脱离这种社会预防措施，从道德观点判断事物将毫无意义。某些身体畸形在所有阶层（富人和穷人）都发生，有趣的是学校本身被认为对某些畸形负有责任。然而，有时采用的治疗措施加重了病情。譬如，为矫直儿童的脊背，采用在休息时悬挂身体双脚负重的方法，但大部分时间却让他们脊背弯曲地坐在课桌旁！同样，在 19 世纪末，人们发现儿童坐在照明不足的封闭环境里会导致近视；治疗方法是给 8 岁儿童配眼镜……

儿童的历史是多么可怕的历史！今天我们能够嘲笑那些治疗方法，但至少开始打开窗户，让更多新鲜空气进入教室，人们认为对脊柱侧凸的最佳治疗方法是学习时不断间歇，让儿童有时间伸直脊背，从而肯定让学童频繁休息的原则。然而，由于尚未思考可能对儿童进行幸福教育，许多儿童不得不为文明作出牺牲；所能做的就是妥协，尽量减少他们接受教育的时间，在教学大纲中删除语法、几何和代数，强迫他们户外做游戏，并推迟入学时间。但无论增加多少自由活动时间，鼓励儿童做游戏而不是学习，他们仍感到筋疲力尽。蒙台梭利学校证明，儿童需要一个工作周期，精神上要对此做好准备。让儿童感兴趣的智力工作并不劳累，若随意强迫他们中断此工作去玩反倒感到疲劳。兴趣不是立即产生的，当兴趣一旦激活，而不让继续工作，如同胃口大开，却把本可饱餐一顿的美食拿走。

我们依靠长期实验成功地消除许多错误，并为儿童找到打开健康、幸福教育之门的钥匙。人类的未来取决于我们的勇气和我们持之以恒的决心。

十九　结论

　　每个个体在人生道路上随时受到危险的威胁。人生是真正的战场：若从那里撤退，在进入和平阶段、成年胜利阶段之前，可能致残或伤痕累累。在此阶段，个体受到社会保护，社会代替个体从前的保护者，供给其生活资料，给予其生活伴侣。总之，他们走上自己的道路，朝着自己未知的命运迈进，在走下坡路之前把爱情的结晶留在身后，在衰落阶段，他们彼此分离，孤寂地走完最后一段下坡路，最终进入黑暗之乡。

　　社会认为人生上升时期重要，当个体正在建构其活动成果时，社会酬劳胜利者、成功人士。虽然有法国大革命和其他革命发生，社会的所有关照都面向特权阶级。穷人尚未受到应有的重视，整个人群不为人知，那就是儿童（包括富人家的儿童）。所有社会问题都从成人及其需求的观点考察：住房、工作、工资、选票，等等。然而，儿童的需求更加重要，鉴于儿童身上蕴藏的力量可能被牺牲掉或得到史无前例的发展。我们让儿童的饮食、衣服、房屋得到保障还不够；人类的进步取决于满足儿童的精神需求，实际上取决于造就更强大更优秀的人类。

　　由此可见，儿童和成人的社会问题息息相关，却可能被分开考察。学校对儿童负有特殊责任。世界各地，学校都在招募青年以构成庞大的生活大军。每个社会问题的根源应当是文明人类的潜在能力；但成人定型不可能改变，正如不断重复的实验所证实那样，他们是很难塑造成显现人类新潜能的主体。我们自欺欺人地吹嘘，凭借社会赈济的可怜施舍就登上慈善的顶峰，况且那点儿可怜的施舍只给成人。我们给张三食物，给李四失业津贴，给王五言论自由特权。然而，这些权宜之计对根治社会痼疾收效甚微。

因此，我们开始把我们为之自豪的社会进步引进学校！我们为学童提供营养餐，给他们提供游戏场地、服装、言论自由（向教师自由提问的权利）。但这些小事仅仅是开始，还远远不够；为了认识不可或缺的根治方法，我们应当研究人生最初几年的人的天性。于是，我们将会确切地知道什么是不可缺少的，我们还将学习对儿童（而不是成人）特别有效的治疗方法。

千真万确，在饥寒交迫、赤身裸体、被迫沉默的个体和积极、快乐、惯于自由发言的个体之间存在天壤之别。但消除这种差异远远不够。只有科学和造就开放、睿智人格才能拯救世界；给一块面包，送一件破衣，或给予选举权无济于事。

对人类还缺少某些基本的东西，应当到生命起源探寻的东西：只有在那里才能找到关键所在。

在本书中，我们已经指出进入蒙台梭利学校高级班的教师相当熟悉基础课程，在基础课程中心理学占重要部分，作为整个蒙台梭利方法的必要准备。因此，这里不再强调教师对自己学童的正确态度；但在结论中提及一下并不坏。

在中级班，正如在初级班，为了成为蒙台梭利教师，迈出的第一步是抛弃无所不能的自负，并准备愉快地观察。如果教师亲眼目睹产生并发展的事物，从而真正感受到快乐，并且善于谦卑地工作，那么更大的快乐接踵而来；相反，面对全班学童自以为永远正确并享有绝对权威的教师感受不到快乐。这样的教师因幻想而痛苦，他们距离发现真理有十万八千里。他们声称赞同培养儿童的意志力，以便让儿童自发产生兴趣，却奢望严厉地控制和压制意志力。这是百分之百的矛盾态度：压制意志力，不可能有任何发展。很不幸，因幻想而痛苦的人们不懂得逻辑；于是，这些教师进入学校并开始实施其矛盾做法。他们做最容易的事情：压制，命令，破坏。破坏一个东西很容易，无论其结构简单还是复杂，因此非常快捷。无论是谁都能破坏。但建构多么困难！

以往教师不知不觉地以自己作为美德的样板。他们自认为完美，永远知道该做的和不该做的事情。面对头脑空白的儿童，有待用知识去填充，有待按自己的形象在道德上培养……让上帝保佑儿童！这些儿童在其心灵中有一个伟大创造者，但他们却被迫模仿教师，教师决心按自己的"美德"理想塑造他们，如果他们不服从，就毫不犹豫地惩罚他们。这样的教师不是暴君，因为要变成暴君需要智慧，正如历史所教诲那样。服从不是机械的行为，而是一种社会协调的合乎自然的力量，和意志紧密相连，甚至就是意志的升华。这种断言可能从一开始就让人惊叹不已，却是千真万确的真理。正确的服从模式是个体意志的升华，是人类崇高的精神境界，没有这种境界社会就不可能存在。然而，没有真正自控的服从，并非源于自觉意愿和锤炼意志的服从，注定要导致所有民族的毁灭。

由此可见，教师在完成放弃自己力量和权威的伟大创举后，立即发现对损失的巨大补偿。他们拥有科学家的耐心，这种耐心主要体现在对观察对象的强烈兴趣。此外，科学家放弃吸引常人的东西，却毫无怨言。我们记得居里夫人，当有的大学为授予她荣誉称号让她中断对镭的研究时，她感到非常反感！还有爱迪生，蒙台梭利方法最早的朋友之一，他很快厌烦被优雅妻子拖去出席招待会，他心向实验室。有一天，他回到家里，摘下领带，脱去礼服，把它们卷成一个包袱，从窗户扔出去，高声喊道："看，你丈夫，世界名人，想去的地方！"随后，他穿上实验室的旧工作服和拖鞋。这种人不认为是牺牲——为了伟大快乐放弃微小快乐。事实上，他们正在使自己更加完美，他们渴望自己不断进步并变得高尚。教师若有这种渴望，也会不断进步并加入幸福者（他们找到自己的人生道路）行列。这样的教师并不比科学家逊色，因为他们探索人生的秘密，他们得到的报偿不仅仅是他们的，而且是所有人的。

责任编辑：张伟珍
封面设计：王春峥
责任校对：方雅丽

图书在版编目（CIP）数据

为新世界而教育　如何教育潜在成人／［意］蒙台梭利（Montessori, M.）著；
　田时纲　译 . – 北京：人民出版社，2014.2（2022.8 重印）
　（蒙台梭利文集；4）
ISBN 978 – 7 – 01 – 012697 – 5

I. ①为…　II. ①蒙…　②田…　III. ①蒙台梭利（1870～1952）– 儿童教育 –
　教育思想　IV. ① G610

中国版本图书馆 CIP 数据核字（2013）第 242124 号

蒙台梭利文集
MENGTAISUOLI WENJI
第四卷

为新世界而教育　如何教育潜在成人

［意］蒙台梭利　著　田时纲　译

人民出版社 出版发行
（100706　北京市东城区隆福寺街 99 号）

北京汇林印务有限公司印刷　新华书店经销

2014 年 2 月第 1 版　2022 年 8 月北京第 4 次印刷
开本：710 毫米 ×1000 毫米 1/16　印张：10
字数：150 千字　印数：7,001－8,000 册

ISBN 978 – 7 – 01 – 012697 – 5　定价：25.00 元

邮购地址 100706　北京市东城区隆福寺街 99 号
人民东方图书销售中心　电话（010）65250042　65289539